Mill · Taylor Mill | Die Unterwerfung der Frauen

John Stuart Mill
Harriet Taylor Mill

Die Unterwerfung der Frauen

Aus dem Englischen übersetzt und herausgegeben
von Dieter Birnbacher

Reclam

RECLAMS UNIVERSAL-BIBLIOTHEK Nr. 14044
2020 Philipp Reclam jun. Verlag GmbH,
Siemensstraße 32, 71254 Ditzingen
Gestaltung: Cornelia Feyll, Friedrich Forssman
Druck und Bindung: Esser printSolutions GmbH,
Untere Sonnenstraße 5, 84030 Ergolding
Printed in Germany 2024
RECLAM, UNIVERSAL-BIBLIOTHEK und
RECLAMS UNIVERSAL-BIBLIOTHEK sind eingetragene Marken
der Philipp Reclam jun. GmbH & Co. KG, Stuttgart
ISBN 978-3-15-014044-4

Auch als E-Book erhältlich

www.reclam.de

Inhalt

Die Unterwerfung der Frauen

Erstes Kapitel

Mit dem vorliegenden Essay verfolge ich die Absicht, so klar wie möglich die Gründe darzulegen, die mich zu einer Ansicht gebracht haben, an der ich festgehalten habe, seitdem ich fähig war, mir eine Meinung über soziale und politische Verhältnisse zu bilden. Statt schwächer oder schwankender zu werden, hat sich diese Ansicht durch Nachdenken und Lebenserfahrung immer stärker befestigt. Diese Ansicht ist, dass das Prinzip, das gegenwärtig die sozialen Beziehungen zwischen den beiden Geschlechtern regelt – die rechtliche Unterordnung des einen Geschlechts unter das andere –, für sich genommen falsch und eines der wesentlichsten Hindernisse bei der Vervollkommnung der Menschheit ist; und dass an die Stelle dieses Prinzips ein Prinzip vollkommener Gleichheit treten sollte, das auf der einen Seite keine Macht und keine Vorrechte und auf der anderen Seite keine Rechtlosigkeit zulässt.

Bereits die Schwierigkeit, die Worte zu finden, die notwendig sind, um die von mir unternommene Aufgabe auszudrücken, zeigt, wie schwierig die Aufgabe ist. Es wäre jedoch falsch zu meinen, die Schwierigkeit des Unternehmens liege in dem Mangel oder der Unklarheit der Vernunftgründe, auf denen meine Überzeugung beruht. Die Schwierigkeit liegt vielmehr darin, dass sie gegen eine tief in Gefühlen verwurzelte Ansicht ankämpfen müssen. Solange eine Ansicht in bestimmten Gefühlen verwurzelt ist, wird sie dadurch, dass sie mit starken Argumenten konfrontiert wird, eher Stabilität gewinnen als verlieren. Solange eine Ansicht auf Argumenten beruht, lässt sie sich durch die Widerlegung dieser Argumente erschüttern. Beruht sie jedoch lediglich auf Gefühlen, werden ihre Anhänger, je schlechter sie im Kampf mit den Argumenten abschneiden, desto stärker davon überzeugt sein, dass diese Gefühle einen tieferen Grund haben – einen Grund, der durch Argumente gar nicht zu erreichen ist. Solange das Gefühl Bestand hat, wird es nicht aufhören, neue Verschanzungen zu errichten und die von den Argumenten gelegte Bresche aufzufüllen. Und es gibt so viele Ursachen dafür, dass die Gefühle der Anhänger der alten Institutionen und sozialen Normen in diesem Punkt so stark und verwurzelt sind, dass wir uns nicht wundern dürfen, wenn wir sie vom Fortschritt der gegenwärtigen großen geistigen und sozialen Übergangsperiode noch so wenig gelockert und erschüttert finden. Noch dürfen wir annehmen, dass die barbarischen Sitten, an denen die Menschen am längsten festhalten, weniger barbarisch sind als die, die sie schon seit längerem abgeschüttelt haben.

Wer eine nahezu allgemein verbreitete Ansicht angreift, hat es in jeder Hinsicht schwer. Er bedarf ungewöhnlicher Fähigkeiten und, damit es ihm gelingt, sich überhaupt Gehör zu verschaffen, auch ein bisschen Glück. Er muss mehr Mühe aufwenden, um seine Sache vor Gericht zu bringen, als andere, um ein Urteil zu ihren Gunsten zu erstreiten. Hat er sich tatsächlich einmal Gehör verschafft, unterwirft man ihn einer Reihe von Beweisanforderungen, die sonst von keinem anderen verlangt werden. Üblicherweise geht man ja davon aus, dass der, der eine Sache behauptet, sie zu beweisen hat. Wird [262] jemand des Mordes angeklagt, ist es Sache des Anklägers, seine Schuld zu beweisen, nicht die des Angeklagten, seine Unschuld darzulegen. Bei Meinungsverschiedenheiten über historische Tatsachen, von denen die Gefühle der Menschen im Allgemeinen weniger berührt werden, etwa die Belagerung Trojas, erwartet man, dass die, die behaupten, das Ereignis habe wirklich stattgefunden, ihre Argumente dafür vorlegen, und erst wenn dies geschehen ist, verlangt man, dass die, die die historische Wahrheit des Ereignisses anzweifeln, ihre Position dazu darlegen; und man fordert von ihnen niemals mehr, als dass sie die von der Gegenpartei vorgebrachten Argumente entkräften. Ähnlich wird in Fragen der politischen oder sozialen Praxis die Beweislast gewöhnlich denen zugeschrieben, die sich gegen die Freiheit erklären und für eine Einschränkung oder ein Verbot eintreten, sei es eine Beschränkung der Handlungsfreiheit im Allgemeinen, sei es eine Ungleichheit oder ein Vorrecht einer Person oder einer Klasse von Personen im Vergleich zu andern. Die *a-priori*-Annahme ist stets auf der Seite der Freiheit und der Unparteilichkeit. Man geht davon aus, dass die Gleichheit nur zugunsten des Allgemeinwohls beschränkt werden darf und dass Gesetze für alle gleich und ohne Ansehen der Person gelten, ausgenommen da, wo eine ungleiche Behandlung durch Gründe der Gerechtigkeit oder der Staatsklugheit geboten erscheint. Den Vertretern der von mir hier dargelegten Meinung wird man allerdings nicht erlauben, aus diesen Beweisregeln Vorteile zu ziehen. Es nutzt mir nichts zu sagen, dass diejenigen, die die Doktrin vertreten, dass der Mann das Recht habe zu befehlen und die Frau die Pflicht zu gehorchen, oder dass der Mann für die Regierung geeignet und die Frau ungeeignet ist, eine Behauptung aufstellen und es deshalb ihre Aufgabe sei, entweder Beweise dafür beizubringen oder sich die Widerlegung ihrer Behauptung gefallen zu lassen. Ebenso wenig nutzt es mir, darauf aufmerksam zu machen, dass von denen, die den Frauen Freiheiten und Privilegien, die den Männern von Rechts wegen zustehen, vorenthalten wollen und sich damit dem doppelten Bedenken aussetzen, die Freiheit beeinträchtigen und die Parteilichkeit empfehlen zu wollen, deshalb die strikteste Beweisführung für ihre Sache zu verlangen ist, und, solange diese nicht jeden Zweifel ausschließt, das Urteil gegen sie ausfallen muss. In gewöhnlichen Fällen würde man diese Einwände als begründet anerkennen. Aber nicht in diesem Fall. In diesem Fall kann ich nur dann hoffen, eine Wirkung zu erzielen, wenn ich nicht nur eine Antwort auf alles habe, was von denen, die in dieser Frage auf der anderen Seite stehen, jemals gesagt worden ist, sondern wenn ich mir vergegenwärtige, was von ihnen noch Weiteres gesagt werden könnte – indem ich alle denkbaren Gründe auf der Gegenseite widerlege; und nicht nur widerlege, sondern unwiderlegbare Gründe für meine Widerlegung beibringe. Und selbst dann, wenn ich all diesen Anforderungen genügen würde und die Gegenpartei mir auf einer Menge von Argumenten die Antwort schuldig bliebe, während ich die ihrigen ohne Ausnahme widerlegt hätte, wäre damit noch immer nur sehr wenig getan. Denn von einer Position, die sich auf der einen Seite auf das allgemeine Herkommen, auf der anderen auf eine weit verbreitete Denkweise stützt, muss man annehmen, dass sie alle Vorurteile auf ihrer Seite hat und dass sich diese als stärker erweisen als die Überzeugungskraft, die man von einem Appell an die Vernunft erwarten kann – ausgenommen bei besonders hochstehenden Menschen.

Ich erwähne diese Schwierigkeiten nicht, um mich über sie zu beklagen. Das wäre nicht angebracht, denn mit ihnen ist bei jedem Bemühen zu rechnen, mit der Vernunft der Menschen gegen deren Gefühle und eingespielte Gewohnheiten anzukämpfen. Die Vernunft der meisten Menschen müsste viel stärker kultiviert werden, [263] als es bisher geschehen ist, ehe man von ihnen erwarten könnte, auf ihre Fähigkeit, Argumente zu würdigen, so weit zu vertrauen, dass sie beim ersten mit Argumenten geführten Angriff, dem sie rational keinen Widerstand entgegenzusetzen vermögen, Prinzipien aufgeben, in die sie hineingeboren und in denen sie erzogen worden sind und die die Grundlage eines Großteils der gegenwärtigen Weltordnung ausmachen. Ich mache den Leuten deshalb auch keinen Vorwurf daraus, dass sie zu wenig Vertrauen in Argumente haben, sondern dass sie zu viel Vertrauen in Herkömmliches und allgemein verbreitete Meinungen haben. Eine der charakteristischen Voreingenommenheiten der Reaktion des 19. Jahrhunderts auf das 18. besteht darin, dass es den gefühlshaften Anteilen der menschlichen Natur dieselbe Unfehlbarkeit zuschreibt, die das 18. Jahrhundert nach geläufiger Ansicht den rationalen Anteilen zugeschrieben hat. An die Stelle der Vergöttlichung der Vernunft ist die des Instinkts getreten, und Instinkt wird all das genannt, was wir in uns vorfinden und für das wir keine vernünftigen Gründe finden. Dieser Götzendienst – noch weitaus erniedrigender als der frühere und der verderblichste unter den falschen Kulten der Gegenwart – wird sich wahrscheinlich so lange behaupten, bis er einer fundierten Psychologie weichen muss, die die wahre Wurzel vieler Vorstellungen bloßlegt, denen sich die Menschen gegenwärtig als Naturzwecken und göttlichen Anordnungen unterwerfen. Was die von mir zu behandelnde Frage betrifft, bin ich bereit, die mir durch das Vorurteil gestellten ungünstigen Bedingungen anzunehmen. Ich willige ein, dass die herkömmlichen sozialen Normen und die allgemeine Meinung so lange als gegen mich entscheidend gelten, bis nachgewiesen ist, dass sie ihre jahrhundertelange Geltung anderen Ursachen als ihrer Wohlbegründetheit verdanken und dass sie ihre Macht mehr aus den schlechteren als den besseren Seiten der menschlichen Natur beziehen. Ich willige ein, dass das Urteil so lange zu meinen Ungunsten lautet, bis ich nachgewiesen habe, dass der Richter bestochen ist. Dieses Zugeständnis ist nicht so groß, wie es scheinen mag. Der Beweis dafür ist der bei weitem leichteste Teil meiner Aufgabe.

In einigen Fällen liefert die allgemeine Verbreitung einer Praxis einen starken Grund dafür, dass sie löbliche Zwecke hat oder zumindest früher einmal hatte. Dies ist der Fall, wenn die Praxis zu löblichen Zwecken eingeführt oder aufrechterhalten worden ist und wenn die Erfahrung gezeigt hat, dass sich die Zwecke auf diese Weise am wirksamsten erreichen lassen. Wäre die Herrschaft der Männer über die Frauen bei ihrer ersten Einführung das Ergebnis einer sorgfältigen Abwägung zwischen verschiedenen Formen der gesellschaftlichen Organisation gewesen; wäre, nachdem man verschiedene andere Formen der Organisation ausprobiert hatte – die Herrschaft der Frauen über die Männer, die Gleichheit zwischen beiden oder irgendwelche wie immer gearteten anderen gemischten Formen – auf der Grundlage der Erfahrung entschieden worden, dass diejenige Form, bei der die Frauen gänzlich der Herrschaft der Männer unterworfen sind und keinen Anteil an den öffentlichen Angelegenheiten haben, und dass das Arrangement, nach dem jede im Privatbereich gesetzlich zu Gehorsam gegenüber dem Mann verpflichtet ist, mit dem sie ihr Schicksal verbunden hat, am ehesten zum Glück und Wohlbefinden beider beiträgt; dann könnte man mit einigem Recht annehmen, dass seine allgemeine Annahme ein Hinweis darauf ist, dass sie zum Zeitpunkt seiner Annahme das Beste war – auch wenn die Gründe, die dafür sprachen, wie so viele andere in früheren Zeiten liegende gewichtige Gründe später, im Lauf der Jahrhunderte, nicht mehr bestanden. In der vorliegenden Frage verhält es sich allerdings genau umgekehrt. Erstens [264] beruht die Parteinahme für das gegenwärtige System, das das schwächere Geschlecht dem stärkeren vollständig unterordnet, lediglich auf Theorie: Ein anderes System ist niemals ausprobiert worden, so dass man von der Erfahrung – in dem Sinn, in dem sie gemeinhin der Theorie gegenübergestellt wird – nicht sagen kann, dass sie jemals ein Urteil gesprochen hätte. Zweitens war die Einführung des Systems der Ungleichheit niemals das Resultat von Überlegungen, Planungen, sozialen Ideen oder irgendwelchen anderen Erwägungen darüber, was dem Wohl der Menschheit oder einer guten gesellschaftlichen Ordnung förderlich wäre. Es verdankte seine Entstehung keinem anderen Umstand, als dass sich seit den frühesten Anfängen der Menschheit jede Frau (entsprechend dem ihr von den Männern beigemessenen Wert in Kombination mit ihrer Unterlegenheit an Körperkräften) in einem Zustand der Knechtschaft zu einem Mann befand. Gesetze und politische Systeme gehen stets von der Anerkennung der Beziehungen aus, die sie bei den Individuen vorfinden. Sie verwandeln das, was ursprünglich eine bloße Tatsache ist, in Recht, geben ihm die Sanktion der Gesellschaft und trachten danach, die öffentliche und organisierte Aufrechterhaltung und Sicherung des Rechts an die Stelle ungeregelter und gesetzloser, mit physischer Kraft ausgetragener Konflikte zu setzen. Diejenigen, die bereits physisch zum Gehorsam gezwungen worden waren, wurden nun auch gesetzlich dazu verurteilt. So wurde die Sklaverei, die zunächst eine bloße Frage der physischen Kraft zwischen dem Herrn und dem Sklaven gewesen war, geregelt und zu einem vertraglich gesicherten Besitzstand von Herren gemacht, die sich zum gegenseitigen Schutz miteinander verbanden und sich ihren Privatbesitz einschließlich ihrer Sklaven mit ihrer vereinigten Kraft wechselseitig garantierten. In früheren Zeiten war die große Mehrzahl des männlichen Geschlechts Sklaven, ebenso wie das gesamte weibliche Geschlecht. Und es vergingen viele Jahrhunderte – darunter einige von hoher Kultur –, ehe ein Denker die Kühnheit hatte, die Rechtmäßigkeit und gesellschaftliche Notwendigkeit der einen oder der anderen Form von Sklaverei in Frage zu stellen. Nach und nach fanden sich solche Denker, und zumindest in allen Ländern des christlichen Europa ist die Sklaverei schließlich – u. a. im Zuge des allgemeinen gesellschaftlichen Fortschritts – abgeschafft (wenn auch in einem Land erst in den letzten Jahren) und die des weiblichen Geschlechts nach und nach in eine mildere Form der Abhängigkeit umgewandelt worden. Diese Abhängigkeit, wie sie gegenwärtig existiert, ist keine ursprüngliche Institution, die aus Erwägungen der Gerechtigkeit und der sozialen Nützlichkeit heraus entstanden wäre. Sie ist der weiterbestehende primitive Zustand der Sklaverei, nur gelindert und gemäßigt durch dieselben Ursachen, die die allgemeinen Sitten gemildert und die zwischenmenschlichen Beziehungen stärker den Prinzipien der Gerechtigkeit und der Humanität unterworfen haben. Sie trägt noch immer den Makel ihres brutalen Ursprungs. Aus der Tatsache ihrer Existenz kann deshalb kein Argument zu ihren Gunsten gemacht werden. Das Einzige, was man vielleicht zu ihren Gunsten anführen könnte, müsste sich darauf gründen, dass sie sich bis auf den heutigen Tag erhalten hat, während so viele andere Sitten, die ihren Ursprung in derselben trüben Quelle haben, abgeschafft sind. Dieser Umstand führt dazu, dass die Behauptung, die Ungleichheit der Rechte zwischen Mann und Frau habe keine andere Quelle als das Recht des Stärkeren, für die meisten Ohren seltsam klingt.

Der Anschein des Paradoxen dieser Behauptung ist in einigen Hinsichten dem Fortschritt der Zivilisation und der moralischen Gesinnungen der Menschheit zugutezuhalten. Wir – d. h. eine oder einige der am weitesten [265] fortgeschrittenen Nationen – befinden uns gegenwärtig in einem Zustand, in dem das Gesetz des Stärkeren als Prinzip gänzlich aufgegeben zu sein scheint. Niemand bekennt sich offen dazu, und in den meisten Beziehungen zwischen Menschen ist es unzulässig, nach ihm zu handeln. Tut es jemand dennoch, geschieht dies unter einem Vorwand, der ihm den Anschein gibt, er habe ein allgemeines gesellschaftliches Interesse auf seiner Seite. Angesichts dessen schmeichelt sich das Publikum, die Herrschaft der Gewalt sei ein für alle Mal beendet und das Gesetz des Stärkeren könne unmöglich der Grund für die Existenz von etwas sein, was bis auf den heutigen Tag mit unverminderter Kraft fortbesteht. Wie immer unsere gegenwärtigen Institutionen begonnen haben mögen, sie können sich, denkt man, unmöglich bis zu unserer jetzigen Periode fortgeschrittener Zivilisation erhalten haben, wenn sie nicht gestützt würden durch ein wohlbegründetes Gefühl, dass sie zur menschlichen Natur passen und dem Allgemeinwohl förderlich sind. Man versteht nicht die große Vitalität und Dauerhaftigkeit von Institutionen, die das Recht auf die Seite der Macht setzen – wie stark man an ihnen hängt; wie weitgehend die guten und schlechten Neigungen und Gesinnungen der Mächtigen daran gemessen werden, wie weit sie an ihnen festhalten; wie lange es dauert, bis sie nach und nach absterben, zuerst die schwächsten, angefangen mit denen, die am wenigsten mit den täglichen Lebensgewohnheiten verwoben sind; und wie selten die Institutionen, die ihre Rechtskraft aufgrund physischer Kraft erlangt haben, diese verloren haben, bevor die physische Kraft auf die Gegenseite übergegangen ist. Ein solcher Übergang hat im Fall der Frauen nicht stattgefunden. Dieser Umstand hat es von Anfang an gewiss gemacht, dass diese Ausprägung des Gesetzes des Stärkeren – obwohl in ihren schlimmsten Aspekten zu einem früheren Zeitpunkt gemildert als andere – als letzte verschwindet. Es war unvermeidlich, dass von allen auf Macht gegründeten gesellschaftlichen Beziehungen diese eine alle anderen überdauern würde, durch Generationen hindurch, in denen die Institutionen ansonsten zunehmend auf Gleichheit und Gerechtigkeit gegründet worden sind, als eine singuläre Ausnahme vom allgemeinen Charakter der Gesetze und Sitten. Doch solange sie ihren Ursprung verleugnet und die öffentliche Diskussion ihren wahren Charakter nicht offenlegt, gilt sie als mit der modernen Zivilisation ebenso wenig unvereinbar wie die Sklaverei bei den

Griechen mit ihrem Selbstverständnis als Volk von freien Bürgern.

Die Wahrheit ist, dass die Menschen der gegenwärtigen und der zwei oder drei vorangegangenen Generationen jedes Verständnis für die ursprüngliche Verfassung der Menschheit verloren haben. Nur die wenigen, die sich auf ein genaueres Studium der Geschichte eingelassen oder häufiger Teile der Welt besucht haben, die von Repräsentanten vergangener Zeiten bewohnt werden, sind in der Lage, sich ein Bild vom früheren Zustand der Gesellschaft zu machen. Den Menschen ist nicht klar, mit welcher Absolutheit das Gesetz des Stärkeren in früheren Jahrhunderten das Gesetz des Lebens war und wie offen und öffentlich man sich zu ihm bekannte – ich sage nicht: zynisch oder schamlos bekannte, denn das würde nahelegen, dass man sich des Beschämenden dieser Verfassung bewusst gewesen wäre, was nicht der Fall war, außer bei Philosophen oder Heiligen. Die Geschichte vermittelt uns ein durchweg grausames Bild von der menschlichen Natur, indem sie uns zeigt, wie genau die Rücksicht, die man dem Leben, dem Eigentum und dem ganzen irdischen Glück einer Klasse von Menschen schuldig zu sein glaubte, nach nichts anderem als ihrer jeweiligen Sanktionsmacht bemessen wurde. Alle, [266] die sich der über Waffen verfügenden Autorität widersetzten – mochte die Veranlassung dazu eine noch so entsetzliche gewesen sein –, hatten nicht nur das Recht des Stärkeren, sondern alle Gesetze und sozialen Normen gegen sich, und in den Augen der Mächtigen waren sie nicht nur Verbrecher, sondern Verbrecher der allerschlimmsten Art, die die grausamsten Strafen verdienten, die Menschen anderen antun können. Der erste schwache Schimmer eines Gefühls der Verpflichtung eines Höhergestellten zur Anerkennung der Rechte Untergebener zeigte sich erst, als er durch irgendwelche Umstände genötigt war, ihnen gegenüber ein Versprechen abzugeben. Auch wenn diese Versprechen, selbst wenn sie durch die feierlichsten Eide bekräftigt worden waren, jahrhundertelang bei den nichtigsten Anlässen gebrochen wurden, ist es doch wahrscheinlich, dass dies – ausgenommen bei Mächtigen von einer noch unter dem Durchschnitt liegenden Moral – selten ganz ohne Gewissensskrupel geschah. Die alten Republiken, die zumeist anfangs auf einer Art gegenseitigen Vertrag gegründet oder durch den Zusammenschluss von Personen von etwa gleicher Stärke gebildet wurden, lieferten das erste Beispiel einer gesellschaftlichen Verbindung, die sich von der allgemein üblichen absonderte und sich unter ein anderes Recht als das des Stärkeren stellte. Und obwohl das ursprüngliche Recht des Stärkeren zwischen den Freien und ihren Sklaven und ebenso (wo es nicht durch ausdrücklichen Vertrag beschränkt war) zwischen dem Staat und seinen Untertanen und andern unabhängigen Staaten in voller Kraft weitergalt, ging doch von der Aufhebung dieses Rechts für diesen engen Bereich eine Regeneration der menschlichen Natur aus und ließ Anschauungen entstehen, von denen die Erfahrung bald zeigte, dass sie auch für die materiellen Interessen der Menschen außerordentlich wertvoll waren und von da an nicht eigens geschaffen, sondern lediglich erweitert werden mussten. Auch wenn die Sklaven kein Teil der Republik waren, waren es doch die freien Staaten, die als erste anerkannten, dass Sklaven als Menschen Rechte haben. Die Stoiker waren, glaube ich, die ersten (mit Ausnahme des jüdischen Gesetzes) die als einen Teil ihrer Moral lehrten, dass der Freie gegen seine Sklaven moralische Verpflichtungen hat. Seit dem Auftreten des Christentums konnte keinem mehr diese Lehre – zumindest in der Theorie – ganz fremd sein. Mit dem Aufstieg des Katholizismus gab es immer Menschen, die für sie eintraten. Aber ihre Durchsetzung war eine der schwersten Aufgaben, die das Christentum zu bewältigen hatte. Über mehr als tausend Jahre kämpfte die Kirche ohne nennenswerten Erfolg. Nicht, weil es ihr an Macht über die Gemüter der Menschen mangelte – ihre Macht war gewaltig. Sie konnte Könige und Fürsten dazu bringen, auf ihre kostbarsten Schätze zugunsten des Reichtums der Kirche zu verzichten. Sie konnte Tausende dazu bringen, sich in der Blüte ihres Lebens und im Vollbesitz irdischer Privilegien in Klöstern einzuschließen, um durch Armut, Fasten und Beten das Seelenheil zu erlangen. Sie konnte Hunderttausende über Land und Meer, durch Europa und Asien schicken, um für die Befreiung des Heiligen Grabes ihr Leben zu lassen. Sie konnte Könige dazu bringen, sich von Ehefrauen loszusagen, die sie leidenschaftlich liebten, nur weil die Kirche erklärte, dass sie mit ihnen im siebten (nach unserer Berechnung im 14.) Grad verwandt waren. So viel hat die Kirche vermocht. Was sie nicht vermochte, war, die Menschen dazu zu bringen, sich weniger zu bekämpfen oder ihre Leibeigenen und, soweit sie dazu in der Lage waren, ihre Untergebenen weniger grausam zu behandeln. Sie konnte sie nicht dazu bringen, auf die Anwendung von Gewalt zu verzichten, sei es kämpfende oder sei es triumphierende Gewalt. [267] Dazu war nur eine andere, überlegene Gewalt fähig. Nur die wachsende Macht der Könige setzte den bis dahin geführten Kämpfen ein Ende, außer denen zwischen den Königen selbst und den Bewerbern auf die Königswürde. Nur durch das Erstarken eines reichen und waffentüchtigen Bürgerstandes in den befestigten Städten und durch städtisches Fußvolk, das sich im Feld als mächtiger erwies als die undisziplinierte Reiterei, gelang es, die unverschämte Tyrannei der Adeligen über den Bürger- und Bauernstand zu begrenzen. Dieser Zustand bestand fort nicht nur bis, sondern noch lange nachdem die Unterdrückten so viel Macht erlangt hatten, dass sie gründlich Rache nehmen konnten. Auf dem Kontinent herrschte dieser Zustand noch vielfach zur Zeit der Französischen Revolution, während in England die frühere und bessere Organisation der wahlberechtigten Klassen ihm durch Einführung allgemeingültiger Gesetze und freie nationale Institutionen ein schnelleres Ende gemacht hatte.

Solange man sich so wenig darüber im Klaren ist, wie vollständig das Recht des Stärkeren die bei weitem längste Zeit der Existenz des Menschengeschlechts das anerkannte Gesetz des allgemeinen Verhaltens und jedes andere nur die besondere und ausnahmsweise Folge spezieller Bindungen war, und seit wie wenigen Jahren es so ist, dass die gesellschaftlichen Angelegenheiten nach moralischen Prinzipien geregelt werden (oder dies zumindest beanspruchen), desto mehr gerät in Vergessenheit oder wird nicht bedacht, wie Institutionen und Sitten, die niemals in etwas anderem als dem Recht des Stärkeren gründeten, in Zeitalter und Denkweisen hinein fortbestehen, die ihre Ersteinrichtung niemals zulassen würden. Es ist noch nicht 40 Jahre her, dass es Engländern gesetzlich erlaubt war, Menschen als käufliches Eigentum in Knechtschaft zu halten. Noch in unserem Jahrhundert war es zulässig, sie zu rauben, fortzuschleppen und buchstäblich zu Tode zu verschleißen. Dieses äußerste Extrem des Rechts des Stärkeren, das selbst von denen verurteilt werden dürfte, die ansonsten jede andere Form von Willkürherrschaft tolerieren, und das die Gefühle aller, die die Sache von einem unparteiischen Standpunkt aus sehen, auf das Höchste empört, war noch im zivilisierten, christlichen England zu einer Zeit Gesetz, an die sich einige der heute Lebenden noch erinnern können. In der einen Hälfte des angelsächsischen Amerika gab es vor drei oder vier Jahren nicht nur die Sklaverei; auch der Sklavenhandel und die Aufzucht von Sklaven zum Zweck des Verkaufs war zwischen den Sklavenstaaten gängige Praxis. Allerdings wurde diese Praxis nicht nur überwiegend abgelehnt, es gab, zumindest in England, auch weniger Fürsprache und Interesse zu seinen Gunsten als bei den anderen üblichen Formen von Machtmissbrauch. Denn sein Motiv war Gewinnsucht, nackt und unverhüllt, und die, die davon profitierten, waren zahlenmäßig nur ein verschwindend kleiner Teil der Bevölkerung, während das natürliche Gefühl aller, die daran kein persönliches Interesse hatten, purer Abscheu war. Ein so extremes Beispiel macht es eigentlich überflüssig, weitere zu nennen. Doch nehmen wir uns einmal die lange Dauer der absoluten Monarchie. In England herrscht gegenwärtig fast durchweg die Überzeugung, dass militärischer Despotismus nichts anderes als eine Form des Rechts des Stärkeren ist und keinen anderen Ursprung und keine andere Rechtfertigung hat. Dennoch existiert er in allen großen europäischen Staaten außer England noch heute oder hat erst vor kurzem zu existieren aufgehört und hat gerade gegenwärtig starke Fürsprecher in allen Schichten des Volkes und insbesondere unter Personen von Rang und Einfluss. So groß ist die Macht eines etablierten Systems, auch wenn es längst nicht mehr universell ist und es in jeder Periode der Geschichte in Gemeinwesen, die ausnahmslos zu den berühmten und wohlhabenden gehörte, große und wohlbekannte Beispiele des [268] gegenteiligen Systems gegeben hat. Auch in diesem Fall ist der illegitime Inhaber der Macht und derjenige, der ein direktes Interesse an dieser Macht hat, nur eine einzige Person, während die, die ihr unterworfen sind und unter ihr zu leiden haben, wortwörtlich alle übrigen sind. Das Joch, das ihnen auferlegt wird, ist natürlicher- und notwendigerweise für alle demütigend, mit Ausnahme des einen, der auf dem Thron sitzt, allenfalls zusammen mit dem, der Aussichten hat, sein Nachfolger zu werden. Wie sehr unterscheiden sich diese Beispiele von der Herrschaft der Männer über die Frauen! Ich will die Frage der Rechtfertigbarkeit nicht vorab beantworten. Ich will nur zeigen, wie diese Herrschaft, selbst wenn sie sich nicht rechtfertigen ließe, doch zwangsläufig sehr viel langlebiger sein musste als diese anderen Formen von Herrschaft, die dennoch bis in unsere Zeit fortgedauert haben. Die Genugtuung, die die Ausübung von Macht dem Stolz gewährt, und das persönliche Interesse an ihrer Ausübung ist in diesem Fall nicht auf eine bestimmte begrenzte Klasse beschränkt, sondern ist etwas, was das gesamte männliche Geschlecht gemeinsam hat. Anders als Ideale, die für ihre Anhänger im Wesentlichen abstrakt bleiben, oder politische Ziele, für die Parteien kämpfen, aber allenfalls für deren Führer von privater Bedeutung sind, geht es hierbei um Haus und Herd jedes Familienoberhaupts und eines jeden, der diese Rolle später einmal zu übernehmen hofft. Der niedrigste Tagelöhner hat an dieser Macht genauso teil – oder hofft zumindest, daran einmal teilzuhaben – wie der höchstgestellte Aristokrat. Der Wunsch nach Macht ist in diesem Fall umso stärker, als jeder, der nach Macht strebt, sie vor allem über die zu besitzen wünscht, die ihm am nächsten stehen, mit denen er sein Leben verbringt, mit denen er die meisten Dinge teilt und bei denen Unabhängigkeit seinen eigenen Neigungen am ehesten im Weg stehen würde. Sind schon die anderen angeführten Beispiele einer auf Gewalt gegründeten und noch viel weniger legitimen Macht nur langsam und mit den größten Schwierigkeiten zu beseitigen gewesen –, um wie viel schwieriger muss es in diesem Fall sein, obwohl sie keine bessere Grundlage aufweisen kann. Bedenken wir dabei, dass die Inhaber der Macht in diesem Fall über sehr viel weitergehende Mittel verfügen, eine Rebellion zu verhindern als in den anderen Fällen. Jede der Unterworfenen lebt unter den Augen, man könnte sogar sagen: in den Händen ihres Herrn; in engerer Gemeinschaft als mit irgendeiner ihrer Geschlechtsgenossinnen; ohne die Möglichkeit, sich gegen ihn zu verbünden; ohne die Macht, auch nur in den kleinsten Dingen über ihn zu dominieren; dafür aber mit den stärksten Motiven, seine Gunst zu gewinnen und alles zu vermeiden, was ihn aufbringen könnte. Aus den Kämpfen um politische Emanzipation ist hinreichend bekannt, wie häufig deren Anführer durch Bestechung oder Einschüchterung von ihren Zielen abgebracht worden sind. Im Fall der Frauen befindet sich jede Einzelne in einem chronischen Zustand kombinierter Bestechung und Einschüchterung. Dafür, dass sie die Fahne des Widerstands hochhielten, mussten eine große Zahl der Anführerinnen und eine noch größere Zahl derer, die sich ihnen anschlossen, auf die Freuden und Annehmlichkeiten, die ihnen ihr Schicksal gewährt hatte, fast vollständig verzichten. Wenn jemals ein System einseitiger Privilegien und gewaltsamer Unterdrückung ein Joch auf den Hals derer gelegt hat, die es niederhalten soll, dann dieses. Ich habe noch nicht gezeigt, dass es ein falsches System ist. Doch jeder Verständige sieht ein, dass selbst wenn es falsch war, es doch alle anderen Formen ungerechter Herrschaft überdauern musste. Und da, wie wir gesehen haben, einige der haarsträubendsten Formen ungerechter Herrschaft noch in mehreren zivilisierten Ländern existieren und in anderen erst kürzlich beseitigt worden sind, müsste es [269] mit einem Wunder zugehen, wenn diese am tiefsten verwurzelte Form irgendwo in nennenswertem Umfang überwunden sein sollte. Umso mehr muss man sich wundern, dass sich schon so zahlreiche und gewichtige Proteste dagegen erhoben haben, wie es in der Tat der Fall ist.

Einige könnten einwenden, dass man die Herrschaft des männlichen Geschlechts und die anderen angeführten Formen ungerechter Macht gar nicht miteinander vergleichen könne. Diese seien willkürlich und die Folge bloßer Usurpation, jene aber natürlich. Aber gab es jemals eine Herrschaft, die denen, die sie besaßen, nicht natürlich erschien? Es gab eine Zeit, zu der die Teilung des Menschengeschlechts in zwei Klassen, eine kleine der Herren und eine zahlreiche der Sklaven, selbst den gebildetsten Geistern ganz natürlich, ja: als die einzige natürliche Verfassung des Menschengeschlechts erschien. Kein geringerer Geist als Aristoteles, der zum Fortschritt der Menschheit so viel beigetragen hat, vertrat diese Ansicht, ohne jeden Zweifel und ohne jedes Bedenken, und leitete sie aus denselben Voraussetzungen ab, aus denen die Behauptung der Notwendigkeit der Herrschaft der Männer über die Frauen üblicherweise abgeleitet wird, nämlich dass es innerhalb des Menschengeschlechts verschiedene Naturen gebe – freie Naturen und Sklavennaturen. Die Griechen hätten eine freie Natur, die barbarischen Rassen der Thraker und Asiaten eine Sklavennatur. Doch weshalb bis auf Aristoteles zurückgehen – stellten nicht die Sklavenhalter in den Südstaaten von Amerika dieselbe Behauptung auf, mit dem ganzen Fanatismus, mit dem Menschen an Theorien festhalten, die ihre Leidenschaften rechtfertigen und ihre persönlichen Interessen legitimieren? Nahmen sie nicht Himmel und Erde dafür als Zeugen, dass die Herrschaft des weißen Mannes über den schwarzen natürlich, dass die schwarze Rasse [*black race*] von Natur aus zur Freiheit unfähig und bestimmt zur Sklaverei ist? Einige gingen sogar so weit zu behaupten, Freiheit für diejenigen, die mit der Hand arbeiten, sei grundsätzlich und überall naturwidrig. Ebenso haben auch die Theoretiker der absoluten Monarchie diese immer wieder für die einzige natürliche Staatsform erklärt. Diese sei hervorgegangen aus dem Patriarchat, das die ursprüngliche und sich spontan entwickelnde gesellschaftliche Form gewesen sei, sie sei nach dem Muster der Herrschaft des Familienvaters gestaltet, die der Gesellschaftsbildung voranging, und sei insofern, wie sie behaupten, die schlechthin naturgemäße Art von Autorität. Ja, selbst das Recht des Stärkeren wurde von denen, die sich auf kein anderes berufen konnten, als der natürlichste Grund für die Ausübung von Gewalt angeführt. Erobernde

Völker finden es natürlich, dass die Unterworfenen den Siegern Gehorsam leisten oder, wie sie es wohlklingender umschreiben, dass die schwächeren und weniger kriegerischen Völker sich dem tapfereren und männlicheren unterwerfen. Eine auch nur oberflächliche Kenntnis der Lebensverhältnisse des Mittelalters lehrt uns, wie außerordentlich natürlich dem feudalen Adel seine Herrschaft über die niederen Stände erschien und wie unnatürlich sie den Gedanken fanden, eine Person aus diesen unteren Ständen könne einen Anspruch auf Gleichstellung oder sogar auf Herrschaft erheben. Und diese Ansicht war bei den Unterworfenen kaum weniger verbreitet. Die sich emanzipierenden Leibeigenen und Bürger erhoben selbst in ihren heftigsten Kämpfen keinen Anspruch auf Teilhabe an der Herrschaft, sondern verlangten nur eine größere oder geringere Beschränkung der Macht, [270] sie zu tyrannisieren. Es ist schlicht so, dass *unnatürlich* gemeinhin nichts anderes bedeutet als *unüblich* und dass alles, was üblich ist, natürlich erscheint. Die Unterjochung der Frauen durch die Männer ist eine universelle Üblichkeit, daher erscheint jede Abweichung natürlicherweise unnatürlich. Doch wie vollständig selbst in diesem Fall das Gefühl von Herkommen und Gewohnheit abhängt, zeigt sich, wenn man seinen Erfahrungshorizont erweitert. Nichts setzt die Menschen in fernen Weltgegenden so in Erstaunen, wenn sie zuerst etwas über England erfahren, wie gesagt zu bekommen, dass England von einer Königin regiert wird. Dies erscheint ihnen so unnatürlich, dass sie es kaum glauben wollen. Engländern scheint dies dagegen nicht im Geringsten unnatürlich vorzukommen, weil sie daran gewöhnt sind – während sie es unnatürlich finden, dass Frauen Soldaten oder Parlamentsmitglieder sein sollen. In den feudalen Jahrhunderten hielt man Krieg und Politik gar nicht für so unnatürlich für Frauen, weil es eben nicht ungewöhnlich war. Es erschien natürlich, dass die Frauen der bevorzugten Klassen von männlichem Charakter waren und ihren Ehemännern und Vätern an Körperkraft nicht nachstanden. Den Griechen erschien die Unabhängigkeit der Frauen weniger unnatürlich als andern Völkern, wie der Mythos von den Amazonen zeigt, die sie für historisch hielten, sowie das Beispiel der Spartanerinnen, die, obwohl sie ebenso dem Gesetz unterworfen waren wie die Frauen in anderen griechischen Staaten, doch über viel mehr Freiheit verfügten, und die, da sie dieselben körperlichen Übungen wie die Männer absolvierten, unter Beweis stellten, dass sie keineswegs von Natur aus ungeeignet dafür waren. Es kann kein Zweifel daran bestehen, dass die in Sparta gemachten Erfahrungen Platon unter anderem zu seiner Lehre von der politischen und sozialen Gleichheit der Geschlechter inspirierten.

Doch unterscheidet sich, so wird man einwenden, die Herrschaft der Männer über die Frauen von jeder anderen dadurch, dass sie keine Herrschaft der Gewalt ist: Die Frauen akzeptieren sie freiwillig; sie beklagen sich nicht über sie und stimmen ihr zu. Dazu ist erstens zu sagen, dass eine große Zahl von Frauen diese Herrschaft *nicht* akzeptiert. Seitdem es Frauen gibt, die in der Lage sind, ihre Gefühle und Gedanken in Schriften zu äußern (der einzige Weg in die Öffentlichkeit, den ihnen die Gesellschaft gestattet), haben sie in zunehmender Zahl gegen ihre jetzige soziale Lage protestiert, und ganz kürzlich erst haben viele Tausende von Frauen – an ihrer Spitze die bedeutendsten, die

die Öffentlichkeit kennt – eine Petition zur Gewährung des Stimmrechts an das Parlament gerichtet. Der Anspruch der Frauen auf eine ebenso gute Ausbildung und in denselben Wissensbereichen, wie sie dem Mann offenstehen, wird von den Frauen immer nachdrücklicher und mit immer größerer Aussicht auf Erfolg gefordert. Ebenso wird die Forderung nach Zulassung zu Berufen und Betätigungen, die ihnen bisher verschlossen sind, von Jahr zu Jahr dringlicher. Auch wenn wir in England nicht wie in den Vereinigten Staaten periodische Kongresse und eine organisierte Partei zur Agitation für die Rechte der Frauen haben, haben wir doch einen aktiven, mitgliederstarken und von Frauen geleiteten Verein mit dem [271] begrenzten Ziel der politischen Gleichberechtigung. Und nicht nur in England und Amerika beginnen Frauen mehr oder weniger gemeinschaftlich gegen die Beschränkungen zu protestieren, unter denen sie leiden. In Frankreich, Italien, in der Schweiz und in Russland finden sich ähnliche Bestrebungen. Wie viele weitere diese Bestrebungen teilen, lässt sich nicht annähernd schätzen. Es gibt allerdings genügend Anzeichen dafür, dass diese Bestrebungen von vielen geteilt würden, wäre ihnen nicht so konsequent beigebracht worden, sie als für ihr Geschlecht unziemlich zu unterdrücken. Zu bedenken ist auch, dass keine geknechtete Klasse je mit einem Mal die vollkommene Freiheit gefordert hat. Als Simon de Montfort die Deputierten der Gemeinen zum ersten Mal ins Parlament berief –, fiel es einem von diesen auch nur im Traum ein zu verlangen, dass eine gewählte Versammlung Ministerien schaffen und abschaffen und Königen in Staatsangelegenheiten Vorschriften machen würde? Nicht dem Ehrgeizigsten unter ihnen kam dergleichen in den Sinn.

Während der Adel diese Ansprüche erhob, forderten die Gemeinen nichts als Schutz vor willkürlicher Besteuerung und vor groben persönlichen Übergriffen seitens der königlichen Beamten. Es ist ein politisches Naturgesetz, dass die seit langen Jahren von politischer Herrschaft Abhängigen niemals damit beginnen, sich über die Herrschaft selbst, sondern lediglich über deren bedrückende Ausübung zu beklagen. Es fehlt wahrlich nicht an Frauen, die sich über schlechte Behandlung seitens ihrer Männer beschweren. Es würden unendlich viel mehr sein, wären nicht Beschwerden die größte Provokation zur Wiederholung und Steigerung der schlechten Behandlung. Dieser Umstand ist es, an dem alle Versuche scheitern, die Machtverhältnisse beizubehalten, aber die Frauen vor deren Missbrauch zu schützen. In keinem anderen Fall – außer dem der Kinder – wird derjenige, der erwiesenermaßen Unrecht erlitten hat, unter die Gewalt dessen gestellt, der ihr das Unrecht zugefügt hat. Dementsprechend dulden Frauen oft lieber die schwersten und anhaltendsten Misshandlungen, als dass sie die zu ihrem Schutz geschaffenen Gesetze anrufen. Und wenn sie solches dann tatsächlich doch einmal tun, etwa in einem Moment unüberwindlicher Empörung oder auf Zureden der Nachbarn, sind sie später ängstlich bemüht, so viel wie möglich geheim zu halten und ihre Tyrannen von der verdienten Strafe los zu bitten.

Eine ganze Reihe gesellschaftlicher und natürlicher Ursachen machen es unwahrscheinlich, dass die Frauen in ihrer Gesamtheit gegen die Herrschaft der Männer rebellieren. Die Lage, in der sie sich befinden, unterscheidet sich insofern von der Lage anderer unterdrückter Klassen, als ihre Herren von ihnen noch etwas anderes verlangen als

Dienstbarkeit. Die Männer wollen von den Frauen nicht nur Gehorsam, sondern auch Zuneigung. Alle Männer, mit Ausnahme der rohesten, wollen keine gezwungene, sondern eine freiwillige Sklavin, oder besser: keine Sklavin, sondern eine Favoritin. Zu diesem Zweck bieten sie alles auf, um den weiblichen Geist zu versklaven. Die Herren aller übrigen Sklaven verlassen sich, um ihre Sklaven zum Gehorsam zu zwingen, auf Angst, entweder auf die Angst vor ihnen selbst oder auf religiöse Ängste. Die Herren der Frauen verlangen mehr als einfachen Gehorsam, und sie nutzen die ganze Macht der Erziehung, um ihren Zweck zu erreichen. Jede Frau wird von frühester Jugend an in dem Glauben erzogen, das Ideal des weiblichen Charakters sei dem des Mannes genau entgegengesetzt: keine Selbstbestimmung und Selbstkontrolle, sondern Fügsamkeit und Unterwerfung unter die Kontrolle anderer. Jede einzelne Moral predigt ihnen, die Pflicht der Frau sei – und [272] die übliche Sentimentalität behauptet dies als ihre eigentliche Natur –, für andere da zu sein, sich selbst vollständig zu verleugnen und ausschließlich für ihre Gefühlsbindungen zu leben. Mit den Gefühlsbindungen sind dabei die einzigen gemeint, die man ihnen zugesteht: die zu dem Mann, mit dem sie verbunden sind, und die zu den Kindern, die eine zusätzliche und unauflösliche Bindung zwischen ihnen und ihrem Mann schaffen. Nimmt man diese drei Dinge zusammen: die natürliche Anziehung zwischen den Geschlechtern; die vollständige Abhängigkeit der Ehefrau von ihrem Ehemann, so dass jedes von ihr genossene Vorrecht oder Vergnügen von seinem Willen abhängt; und die Unmöglichkeit, ein Vorhaben, eine Auszeichnung oder ein gesellschaftliches Engagement anders als durch ihn zu verfolgen und zum Erfolg zu bringen: Es müsste wahrlich mit Wundern zugehen, wenn nicht der Leitstern der weiblichen Erziehung und Charakterbildung die Attraktivität für Männer geworden wäre. Und nachdem sich die Männer einen so mächtigen Einfluss über das Denken der Frauen verschafft haben, nutzen sie, getrieben von Egoismus, diesen bis zum Äußersten aus, um die Frauen in Abhängigkeit zu halten, indem sie ihnen Bescheidenheit, Unterwürfigkeit und die Aufgabe des eigenen Willens zugunsten des Mannes als wesentliche Bestandteile ihrer Attraktivität für Männer darstellen. Kann man ernsthaft bezweifeln, dass jede andere Form der Knechtschaft, die abzuschütteln der Menschheit gelungen ist, ganz genauso bis auf den heutigen Tag bestehen würde, wenn man dieselben Mittel gehabt und ebenso eifrig angewendet hätte, um die Unterdrückten geistig zu beugen? Nehmen wir an, dass man es zur Lebensaufgabe eines jeden jungen Plebejers gemacht hätte, in den Augen irgendeines Patriziers persönliches Wohlgefallen zu erregen, oder eines Leibeigenen in den Augen irgendeines Grundherrn, oder man dem Plebejer und Leibeigenen als Preis, den das Leben ihnen bieten kann – und den begabtesten und ehrgeizigsten den höchsten Preis – das Zusammenleben mit ihm und seine Zuneigung vorgehalten hätte; und weiterhin, dass man sie, nachdem sie diesen Preis errungen hätten, durch eine eherne Mauer von allen Interessen, die ihren Mittelpunkt nicht in ihm haben, und von allen Gefühlen und Wünschen, die nicht von ihm geteilt oder hervorgerufen werden, ausgeschlossen hätte: Würden Plebejer und Patrizier, Leibeigene und Grundherren nicht heute noch ebenso verschieden voneinander sein, wie es Männer und Frauen sind? Würden nicht alle, mit Ausnahme vereinzelter Denker, glauben, diese Verschiedenheit sei eine grundlegende und unabänderliche Gegebenheit der menschlichen Natur?

Diese Überlegungen dürften hinreichend sein zu zeigen, dass das Herkommen, wie immer universal es in diesem Fall sein mag, kein gutes Argument für die gesellschaftlichen Arrangements ist, die die Frauen den Männern gesellschaftlich und politisch unterordnet. Ich möchte sogar noch weiter gehen und behaupten, dass der Verlauf der Geschichte und die Tendenz zum Fortschritt der Gesellschaft nicht nur gegen dieses System der Rechtsungleichheit sprechen, sondern entschieden dagegen sprechen, und dass, soweit die fortschrittliche Entwicklung der Menschheit und die Modernisierungstendenzen der Gesellschaft Schlussfolgerungen erlauben, dieses Relikt der Vergangenheit keine Zukunft hat und unweigerlich verschwinden wird.

Denn was zeichnet die moderne Welt aus – worin liegt der wesentliche Unterschied zwischen modernen Institutionen, modernen sozialen Ideen, dem modernen Leben und dem Leben vergangener Zeiten? Dass Menschen nicht für einen bestimmten [273] Platz im Leben geboren und an die Stelle, an der sie geboren sind, unwiderruflich gefesselt sind, sondern dass sie die Freiheit haben, ihre Fähigkeiten darauf zu verwenden und jede sich ihnen darbietende Gelegenheit dafür zu nutzen, die Lebensstellung zu erlangen, die ihnen die wünschenswerteste erscheint. Die alte Gesellschaft beruhte auf ganz anderen Grundlagen. Alle Menschen waren in einer bestimmten sozialen Stellung geboren und wurden zumeist durch Gesetze darin festgehalten oder der Mittel beraubt, die ihnen zu ihrer Befreiung daraus hätten dienen können. Wie ein Teil der Menschen weiß, ein anderer schwarz geboren ist, so war ein Teil geborene Sklaven, ein anderer Freie und Bürger; die einen waren geborene Patrizier, die anderen geborene Plebejer; die einen Aristokraten, die anderen Kleinbauern. Ein Sklave oder Leibeigener konnte sich niemals aus eigener Kraft zum Freien machen oder zu einem solchen werden, es sei denn durch den Willen seines Herrn. In den meisten europäischen Staaten war es erst gegen Ende des Mittelalters und infolge der wachsenden Macht der Könige möglich, dass Bürger geadelt wurden. Selbst beim Adel war der älteste Sohn der geborene einzige Erbe aller väterlichen Besitzungen, und es verging viel Zeit, bis das Recht etabliert wurde, ihn zu enterben. Von den gewerbetreibenden Klassen durften nur diejenigen, die als Mitglieder einer Gilde geboren oder von deren Mitgliedern aufgenommen waren, ihren Beruf von Rechts wegen innerhalb der lokalen Grenzen betreiben, und niemand konnte einen für wichtig gehaltenen Beruf anders ausüben als innerhalb der geltenden Gesetze, also so, wie es ihm von der Behörde vorgeschrieben wurde. Handwerker standen am Pranger, wenn der Verdacht aufkam, sie übten ihr Gewerbe nach einer neuen, verbesserten Methode aus. Im modernen Europa und besonders in den Teilen Europas, die sich am meisten an der Modernisierung beteiligt haben, herrschen inzwischen diametral entgegengesetzte Anschauungen. Gesetz und Regierung denken nicht daran, durch Vorschriften zu regeln, wer irgendein Gewerbe ausüben darf oder nicht und welche Verfahren gesetzlich oder ungesetzlich sind. Dies wird der Entscheidung der Individuen überlassen. Selbst die Gesetze, die den Handwerkern das Absolvieren einer Lehrzeit vorschreiben, sind in England aufgehoben worden, da man sicher ist, dass in allen Fällen, in denen das Ausüben des Handwerks eine Lehrzeit erfordert, dies hinreichend dafür sorgt, dass eine Lehrzeit absolviert wird. Die alte Theorie war, dass dem Einzelnen so wenig Spielraum wie möglich gelassen werden sollte; dass alles, was er tun sollte, so weit wie möglich von höherer Weisheit vorgezeichnet sein sollte. Man war sich sicher, dass, überließe man ihn sich selbst, er fehlgehen würde. Dagegen ist es die Überzeugung der Neuzeit – die Frucht tausendjähriger Erfahrung –, dass alles, an dem das Individuum ein direktes Interesse hat, nur dann seinen richtigen Verlauf nimmt, wenn man es seinem eigenen Urteil überlässt, und dass jede darauf gerichtete Einwirkung einer Obrigkeit nur von Übel sein kann, ausgenommen, sie ist notwendig, um die Rechte anderer zu schützen. Diese Auffassung, zu der man nur sehr allmählich kam und die man nicht eher annahm, als nachdem man beinahe jede mögliche Anwendung der entgegengesetzten Theorie scheitern gesehen hatte, ist gegenwärtig (in Bezug auf die Industrie) die in den am weitesten fortgeschrittenen Ländern vorherrschende und die am meisten verbreitete in Ländern, die in der einen oder anderen Hinsicht an Fortschritt interessiert sind. Natürlich ist es nicht so, dass man annimmt, dass alle Verfahren gleich gut oder alle Menschen für jeden Beruf gleich geeignet sind. Man nimmt jedoch an, dass nur die Freiheit der individuellen Wahl verbürgt, dass die besten Verfahren eingesetzt und die verschiedenen Beschäftigungen von denen übernommen werden, die dafür am besten geeignet sind. Niemand denkt daran, kraft Gesetzes zu bestimmen, dass nur Männer mit Muskelkraft [274] Schmied werden dürfen. Gewerbefreiheit und Wettbewerb sind dafür vollkommen hinreichend. Menschen mit weniger Muskeln können mehr verdienen, wenn sie sich Tätigkeiten zuwenden, für die sie geeigneter sind. Entsprechend dieser Doktrin gilt es als Überschreitung ihrer legitimen Grenzen, wenn die Obrigkeit aufgrund bestimmter allgemeiner Annahmen festlegt, dass bestimmte Personen für bestimmte Beschäftigungen ungeeignet sind. Es ist allgemein anerkannt, dass derartige Annahmen, soweit sie getroffen werden, nicht unfehlbar sind. Auch wenn sie in der Mehrzahl der Fälle gut begründet sind (was nicht wahrscheinlich ist), würde es immer noch eine kleine Zahl von Ausnahmen geben, auf die sie nicht zutrifft, und in diesem Fall ist es eine Ungerechtigkeit gegen das Individuum wie eine Beeinträchtigung der Gesellschaft, wenn man das Individuum daran hindert, seine Fähigkeiten zu seinem eigenen und zum Nutzen anderer zu gebrauchen. Dagegen werden in Fällen, in denen wirklich Unfähigkeit besteht, schon die für das menschliche Verhalten im Allgemeinen geltenden Motive ungeeignete Personen dazu bringen, gar nicht erst den Versuch zu machen, oder, falls doch, von diesen abzulassen.

Sollte dieser Grundsatz der Gesellschafts- und Wirtschaftswissenschaften unwahr sein und wäre das Individuum, unterstützt durch die Meinung derer, die es am besten kennen, nicht in der Lage, seine eigenen Fähigkeiten und seine Berufung besser zu beurteilen als Gesetz und Obrigkeit, wäre die Welt gut beraten, dieses Prinzip aufzugeben und zum alten System der Bevormundung und Maßregelung zurückzukehren. Falls dieses Prinzip jedoch wahr ist, sollten wir uns in der Praxis daran halten und nicht die Tatsache, dass jemand als Mädchen statt als Junge, als schwarz statt als weiß oder als gewöhnlicher Bürger statt als Aristokrat geboren ist, darüber bestimmen lassen, welche Position er sein Leben lang einnimmt und ihn von allen höheren Positionen und von nahezu allen, die als respektabel gelten, ausschließen. Selbst wenn wir das Äußerste zugeben wollten, was für die überlegene Befähigung der Männer für die Tätigkeiten vorgebracht worden ist, die ihnen gegenwärtig vorbehalten sind, würde dasselbe Argument gelten und eine gesetzliche Einschränkung des Zugangs zum Parlament verbieten. Wenn die Bedingungen der Wählbarkeit auch nur einmal in zehn Jahren eine geeignete Person ausschließen, ist das ein echter Verlust, während die Ausschließung tausend ungeeigneter Personen kein Gewinn ist. Gesetzt den Fall, dass die Wählerschaft eine ungeeignete Person wählt, gibt es stets eine Menge ebenso ungeeigneter, aus denen gewählt wird. In allen Aufgaben von einiger Schwierigkeit und Wichtigkeit gibt es von denen, die sie gut erledigen, weniger, als man braucht, auch dann, wenn man die Auswahl nicht besonders einschränkt. Doch jede Begrenzung der Auswahl mindert die Chancen der Gesellschaft, sich der Dienste der Tüchtigen zu versichern, ohne sie vor den Diensten der Untüchtigen zu bewahren.

Gegenwärtig ist die Benachteiligung der Frauen in den fortgeschritteneren Ländern – mit einer einzigen Ausnahme – der einzige Fall, in dem Gesetze und Institutionen eine Person nach ihrer Geburt beurteilen und ihr ihr ganzes Leben lang verbieten, sich für bestimmte Positionen zu bewerben. Die eine Ausnahme ist die Königswürde. Der Thron wird weiterhin aufgrund der Geburt bestiegen. Keiner, nicht einmal ein Angehöriger der herrschenden Dynastie, kann ihn dem Inhaber streitig machen, und keiner aus der Dynastie kann ihn anders erlangen als im Zuge der Erbfolge. Alle anderen Ämter und Vorrechte stehen dem gesamten männlichen Geschlecht offen. Allerdings lassen sich viele nur dann erlangen, wenn man zu den Reichen gehört, aber nach Reichtum kann jeder streben, und tatsächlich gehören einige dazu, die aus bescheidensten Verhältnissen stammen. Zwar sind die Schwierigkeiten für die [275] meisten ohne die Hilfe glücklicher Zufälle unüberwindbar, aber keinem männlichen Wesen ist es von Gesetzes wegen verboten, sie zu überwinden. Weder Gesetz noch öffentliche Meinung errichten, über die natürlichen hinaus, zusätzliche Schranken. Die Königswürde ist, wie gesagt, eine Ausnahme – doch in diesem Fall ist jedem klar, dass es sich um eine Ausnahme handelt, eine Anomalie in der modernen Welt, in unübersehbarem Kontrast zu ihren Prinzipien. Sie lässt sich nur mit besonderen Gründen rechtfertigen, und die gibt es, mögen auch darüber, wie gewichtig sie sind, Individuen und Nationen unterschiedlicher Auffassungen sein. Doch in diesem Ausnahmefall, wenn eine hohe gesellschaftliche Position nach Geburt statt nach Leistung verliehen wird, schaffen es die freien Gesellschaften, dem Prinzip treu zu bleiben, dem sie nominell zuwiderhandeln, indem sie diese Position an Bedingungen knüpfen, die anerkanntermaßen darauf zielen, die Person, die sie bekleidet, daran zu hindern, sie tatsächlich auszuüben – während die Person, die sie tatschlich ausübt, der jeweils zuständige Minister, sie aufgrund eines Wettbewerbs erhält, von dem kein erwachsener Bürger männlichen Geschlechts per Gesetz ausgeschlossen ist. Die Benachteiligung, der Frauen allein aufgrund der Geburt unterworfen sind, ist insofern einzigartig. Das moderne System der Gesetzgebung, das immerhin die Hälfte der Menschheit umfasst, kennt keinen anderen Fall, in dem den Bürgern höhere gesellschaftliche Positionen allein aufgrund des Schicksals der Geburt verschlossen bleiben und dagegen weder Anstrengungen noch ein Wechsel der Umstände etwas ausrichten können. Selbst religiöse Benachteiligungen (abgesehen davon, dass sie in England und Europa so gut wie nicht mehr existieren) nehmen den Ausgeschlossenen nicht sämtliche Aufstiegschancen, solange die Möglichkeit der Glaubenskonversion besteht.

Die Unterordnung der Frauen steht demnach als ein singuläres Faktum inmitten der modernen sozialen Institutionen da – als ein einzigartiger Bruch ihres grundlegenden Gesetzes und einziges Relikt einer vergangenen Zeit, deren Denken und Tun in allen sonstigen Hinsichten vom Erdboden verschwunden ist. Nur in diesem einen, universales Interesse beanspruchenden Punkt wird dieses Relikt konserviert – so als stünde ein gigantischer Dolmen oder ein riesiger Tempel des Jupiter Olympius an der Stelle, wo jetzt die St.-Pauls-Kathedrale steht, und würde täglich zu Gottesdiensten genutzt, während die umherliegenden christlichen Kirchen nur an Festtagen besucht würden. Dieser Widerspruch zwischen der einen sozialen Tatsache und allen anderen, die mit ihr zusammenbestehen, und dieser radikale Gegensatz zwischen ihr und den fortschrittlichen Bewegungen, auf die sich die moderne Welt etwas zugutehält und die nach und nach alles von ähnlicher Art hinweggefegt haben, muss jedem gewissenhaften Beobachter der menschlichen Entwicklung zu denken geben. Sie begründet eine Vermutung gegen die Sache – stärker als die auf

Sitte und Gewohnheit gegründete dafür – und sollte genügen, die Frage – ähnlich wie die zwischen Republik und Monarchie – zumindest als unentschieden gelten zu lassen.

Das Wenigste, das verlangt werden kann, ist, dass die Frage nicht als durch bestehende Tatsachen und bestehende Ansichten vorentschieden gilt, sondern zum Gegenstand der Diskussion gemacht und ihre Vorzüge und Nachteile, ihre Gerechtigkeit und Nützlichkeit abgewogen werden. Wie bei allen anderen gesellschaftlichen Arrangements muss die Entscheidung davon abhängen, was sich aufgrund einer aufgeklärten Abschätzung ihrer Tendenzen und Konsequenzen und unabhängig von allen Geschlechterdifferenzierungen als für die Menschheit im Allgemeinen vorteilhaft darstellt. Und diese Diskussion muss eine echte [276] Diskussion sein, die zu den Wurzeln vordringt und sich nicht mit vagen und allgemeinen Behauptungen zufriedengibt. Es genügt zum Beispiel nicht, ganz allgemein zu behaupten, dass die Erfahrung zugunsten des bestehenden Systems spricht. Die Erfahrung kann nicht zwischen Alternativen entscheiden, solange Erfahrung nur über eine der Alternativen gesammelt werden konnte. Wollte man sagen, dass die Lehre von der Gleichheit der Geschlechter bloße Theorie ist, ist daran zu erinnern, dass die Lehre von der Ungleichheit der Geschlechter auch nur Theorie ist. Alles, was die unmittelbare Erfahrung zu ihren Gunsten zeigen kann, ist, dass die Menschheit unter ihr existieren und den Grad von Fortschritt und Wohlstand erlangen konnte, den wir jetzt sehen. Doch die Erfahrung sagt uns nichts darüber, ob sie diesen Wohlstand früher erlangt hätte oder ob er jetzt größer ist als unter einem anderen System. Die Erfahrung kann uns jedoch sagen, dass jeder Schritt vorwärts begleitet war von einem Schritt zur Verbesserung der gesellschaftlichen Stellung der Frauen, so dass Historiker und Philosophen in der höheren oder niedrigeren Stellung der Frauen das sicherste und angemessenste Maß für den Grad der Zivilisation eines Volkes oder Zeitalters gesehen haben. Die gesamte Fortschrittsgeschichte der Menschheit hindurch hat sich die Lage der Frauen der Gleichheit mit den Männern schrittweise angenähert. Damit ist nicht gezeigt, dass die Annäherung bis zur vollständigen Gleichheit gehen muss. Dennoch begründet sie zumindest eine Vermutung dafür, dass sie so weit geht.

Ebenso wenig hilft es zu sagen, dass die *Natur* der zwei Geschlechter sie für ihre gegenwärtigen Funktionen und Positionen bestimmt oder dafür in besonderer Weise geeignet macht. Auf der Grundlage des gesunden Menschenverstands und der Natur des menschlichen Geistes bestreite ich, dass irgendjemand die Natur der beiden Geschlechter kennt oder kennen kann, solange sie nur in ihrem gegenwärtig bestehenden Verhältnis zueinander anzutreffen sind. Hätte es jemals eine Gesellschaft gegeben, in der die Männer ohne Frauen oder die Frauen ohne Männer sind, oder in der die Frauen nicht unter der Herrschaft der Männer gestanden hätten, wüssten wir möglicherweise etwas über die Unterschiede in Denken und Handeln, die sich auf ihre jeweilige Natur zurückführen lassen. Was gegenwärtig die Natur der Frauen genannt wird, ist etwas eminent Künstliches – das Resultat einer gewaltsamen Unterdrückung in einigen und einer unnatürlichen Stimulierung in anderen Richtungen. Ich gehe sogar so weit zu behaupten, dass keine andere Klasse von Abhängigen durch die Beziehung zu ihren Herren ihren natürlichen Eigenschaften so radikal entfremdet worden ist. Eroberte und versklavte Völkerschaften sind zwar in einigen Hinsichten noch gewaltsamer unterdrückt worden. Doch wurde alles in ihnen, was nicht mit eisernem Fuß zertreten wurde, verschont und behielt die Freiheit, sich nach eigenen Gesetzen zu entwickeln; während man bei den Frauen anders verfahren ist und einige ihrer natürlichen Fähigkeiten zum Nutzen und Vergnügen ihrer Herren unter Treibhausbedingungen kultiviert hat. Weil aber in dieser erhitzten Atmosphäre und unter dieser aktiven Pflege bestimmte Pflanzenteile besonders üppig gedeihen, während andere Schösslinge aus derselben Wurzel, die man draußen an der Winterluft lässt und noch zusätzlich in Eis packt, verkümmern und einige sogar mit Feuer ausbrennt, machen es sich Menschen, die [277] unfähig sind, ihr eigenes Werk zu erkennen (das Kennzeichen eines naiven Geistes) bequem und glauben, dass der Baum von selbst so wächst, wie sie ihn wachsen lassen, und dass er eingehen würde, würde nicht die eine Hälfte im Dampfbad und die andere im Schnee gehalten.

Das gegenwärtig größte Hindernis für den Fortschritt des Denkens und eine aufgeklärte Sichtweise des Lebens und der gesellschaftlichen Verhältnisse ist die namenlose Ignoranz und Gleichgültigkeit der Menschheit in Bezug auf die Einflüsse, die den menschlichen Charakter zu dem machen, was er ist. Was auch immer es ist, was für einen bestimmten Teil der menschlichen Gattung charakteristisch ist oder zu sein scheint: Es wird einer natürlichen Tendenz zugeschrieben, auch dann, wenn eine auch nur elementare Kenntnis der Umstände, denen diese Menschen ausgesetzt sind, unmissverständlich darauf hinweist, warum sie so geworden sind, wie sie sind. Weil ein Kleinbauer, der mit den Zahlungen an seinen Landbesitzer im Rückstand ist, nicht besonders fleißig ist, denken manche, alle Iren seien von Natur aus faul. Weil Verfassungen gestürzt werden können, wenn die Regierungen, die sie durchsetzen sollen, ihre Waffen gegen die Regierten kehren, denken manche, die Franzosen seien zu jeder freien Regierungsform unfähig. Weil die Griechen die Türken betrogen, während die Türken die Griechen nur ausgeplündert haben, denken manche, die Türken seien von Natur aus ehrlicher. Und weil, wie häufig gesagt wird, Frauen an Politik, außer wenn sie persönlich betroffen sind, uninteressiert sind, denken viele, im Allgemeinen seien Frauen natürlicherweise weniger interessiert als Männer. Die Geschichte, die heute viel besser verstanden wird als in früheren Zeiten, lehrt etwas anderes, nicht zuletzt die außergewöhnliche Empfänglichkeit der menschlichen Natur für äußere Einflüsse und die extreme Variabilität ihrer am ehesten als universal und konstant geltenden Erscheinungsformen. Doch in der Geschichte – wie auf Reisen – sehen die Menschen zumeist nur, was sie schon zuvor im Kopf hatten, und wenige, die sich dazu nicht in besonderer Weise eignen, sind fähig, aus der Geschichte zu lernen.

Deshalb gilt auch für die schwierige Frage nach den natürlichen Unterschieden zwischen den Geschlechtern – eine Frage, die man auf den gegenwärtigen Stand der Gesellschaft unmöglich vollständig und korrekt beantworten kann –, dass nahezu alle darüber dogmatisieren und das einzige Mittel vernachlässigen, von dem man zumindest eine Teilantwort erhoffen kann, nämlich das genaue Studium der wichtigsten Abteilung der Psychologie, der Gesetze der Abhängigkeit des Charakters von den Umständen. Wie groß und scheinbar unabänderlich die Unterschiede zwischen Mann und Frau in Denken und Verhalten auch immer sein mögen: Sie beweisen nichts über natürliche Unterschiede. Nur diejenigen Unterschiede können als natürlich gelten, die auf keine Weise künstlich sein können – der Rest, der bleibt, wenn man alle durch Erziehung oder andere äußere Umstände erklärbaren Merkmale abzieht. Eine gründliche Kenntnis der Gesetze der Charakterbildung ist unerlässlich, wenn man berechtigterweise einen Unterschied zwischen den Geschlechtern hinsichtlich ihrer moralischen und intellektuellen Fähigkeiten behaupten oder sogar sagen will, worin dieser besteht. Und da bisher niemand über diese Kenntnis verfügt (denn es gibt kaum ein Thema, das gemessen an seiner Bedeutung so wenig zum Gegenstand systematischer Untersuchung gemacht worden ist), ist soweit niemand berechtigt, dazu eine dezidierte Ansicht [278] zu vertreten. Alles, was dazu gegenwärtig gesagt werden kann, hat den Charakter von Vermutungen – Vermutungen, die mehr oder weniger wahrscheinlich sind, je nach der Kenntnis, die wir von den psychologischen Gesetzen der Charakterbildung haben.

Selbst die Vorfrage, worin die Verschiedenheiten zwischen den beiden Geschlechtern gegenwärtig bestehen, lässt sich – abgesehen von der Frage, wie diese Verschiedenheiten entstanden sind – auf dem heutigen Stand des Wissens nur ansatzweise beantworten. Ärzte und Physiologen haben ein Stück weit die Verschiedenheiten in der körperlichen Konstitution beschrieben und damit dem Psychologen eine wichtige Grundlage geliefert. Aber kaum ein Arzt ist gleichzeitig Psychologe. Was die geistigen Eigenschaften der Frauen betrifft, taugen die Beobachtungen der Ärzte nicht mehr als die von Männern im Allgemeinen. Darüber wird man so lange nichts Endgültiges wissen können, wie diejenigen, die allein darüber etwas wissen können, die Frauen selbst, darüber nur wenig – und dann zumeist geschönt – Aufschluss geben. Es ist leicht, dumme Frauen als solche zu erkennen. Dummheit ist auf der ganzen Welt ziemlich dieselbe. Die Dummheit der Gedanken einer Person lässt sich ziemlich gut aus der Dummheit der Gedanken erschließen, die in dem Milieu, das sie umgibt, verbreitet sind. Anders bei denen, deren Gedanken und Meinungen aus ihrer eigenen Natur und ihren eigenen Fähigkeiten hervorgehen. Es gibt nur wenige Männer, die auch nur eine leidliche Kenntnis des Charakters selbst der Frauen ihrer eigenen Familie haben. Ganz zu schweigen von deren Fähigkeiten. Diese kennt niemand, nicht einmal sie selbst, denn diese sind niemals gefordert worden. Manche Männer meinen, sie kennten die Frauen in- und auswendig – weil sie mit mehreren Liebesbeziehungen hatten oder vielleicht mit vielen. Falls sie gute Beobachter sind und sich ihre Erfahrung auf Qualität und nicht nur auf Quantität erstreckt, mögen sie etwas über einen kleinen, wenn auch zweifellos wichtigen Ausschnitt ihrer Natur erfahren haben. Aber es gibt wenige, die über den Rest nicht zutiefst unwissend sind, weil der Rest vor ihnen so sorgfältig verborgen gehalten wird. Die größte Chance für einen Mann, den Charakter einer Frau kennenzulernen, besteht im Allgemeinen bei seiner eigenen Ehefrau. Die Gelegenheiten sind zahlreich und Sympathie zwischen Ehegatten nicht selten. Dies dürfte tatsächlich die hauptsächliche Quelle sein für alles Wissen, das sich in dieser Sache zu erwerben lohnt. Das heißt jedoch, dass die meisten Männer keine Gelegenheit haben, mehr als einen einzigen Fall kennenzulernen. In einem nahezu lächerlichen Ausmaß kann man aus dem, was ein Mann über die Frauen im Allgemeinen zu sagen hat, auf den Charakter seiner eigenen Frau schließen. Wenn dieser eine Fall in irgendeiner Weise aussagekräftig sein soll, muss die Frau nicht nur so beschaffen sein, dass sie das Kennenlernen lohnt, und der Mann so, dass er sie kompetent beurteilen kann, sondern er muss auch vom Charakter her so empathie- und anpassungsfähig sein, dass er ihren Charakter intuitiv erfasst und nichts an sich hat, was sie hindert, ihn offenzulegen. Nichts ist, wie ich glaube, seltener als diese Kombination. Es kommt häufig vor, dass Eheleute in Meinungen und Interessen vollständig einig sind, soweit sie äußere Dinge betreffen, das Innenleben des einen dem anderen aber ebenso wenig zugänglich ist wie bei entfernten Bekannten. Das Verhältnis von Herrschaft auf der einen und Unterordnung auf der anderen Seite, in dem beide zueinander stehen, verhindert selbst bei wahrer Zuneigung ein echtes Vertrauensverhältnis, und auch wenn nichts bewusst zurückgehalten wird, wird doch vieles nicht gezeigt. Ein entsprechendes Phänomen kann keinem Beobachter in der dazu analogen [279] Beziehung zwischen Eltern und Kindern entgehen. Was das Verhältnis zwischen Vater und Sohn betrifft: In wie vielen Fällen ist offenkundig, dass der Vater – trotz echter Zuneigung auf beiden Seiten – nichts von bestimmten Seiten des Charakters seines Sohnes weiß oder ahnt, die dessen Freunden und Gefährten nur allzu vertraut sind. Die Wahrheit ist, dass die Position, zu jemand anders aufzublicken, vollständige Aufrichtigkeit und Offenheit ihm gegenüber weitgehend verhindert. Die Furcht, in seiner Achtung und Meinung zu verlieren, ist so stark, dass selbst bei einem aufrichtigen Charakter eine unbewusste Tendenz wirksam ist, sich nur von der besten Seite zu zeigen, oder, wenn auch nicht von der besten, von einer Seite, die der andere am liebsten sieht. Und man wird mit Fug und Recht sagen können, dass bei einem Paar eine tiefe Kenntnis des jeweils anderen kaum anders denkbar ist, als wenn die beiden nicht nur miteinander vertraut, sondern auch einander gleichgestellt sind. Wie viel mehr muss das gelten, wenn der weibliche Teil nicht nur unter der Herrschaft des anderen steht, sondern wenn ihr als Pflichtprinzip eingeprägt worden ist, dass seine Bequemlichkeit und sein Vergnügen allem anderen vorangeht und sie nichts von sich selbst preisgeben darf, was ihm nicht angenehm ist. Alle diese Schwierigkeiten sorgen dafür, dass ein Mann selbst die eine Frau, die die einzige ist, die er im Allgemeinen kennenzulernen Gelegenheit hat, nicht wirklich kennt. Und wenn wir bedenken, dass eine einzige Frau zu verstehen, nicht hinreicht, irgendeine andere Frau zu verstehen, und dass selbst die Gelegenheit, viele Frauen eines Standes oder eines Landes zu kennen, nicht hinreicht, Frauen anderer Stände und Länder zu kennen, mögen diese Frauen auch ein und derselben geschichtlichen Periode angehören, können wir mit einigem Recht sagen, dass die Kenntnis der Frauen, zu der die Männer über die Frauen gelangen können – selbst auch nur darüber, wie sie gewesen sind und sind, ungeachtet dessen, was sie sein könnten – erschreckend unvollkommen und oberflächlich ist und bleiben wird, solange die Frauen nicht selbst sagen, was sie zu sagen haben.

Und diese Zeit ist noch nicht gekommen, und sie wird nur nach und nach kommen. Erst seit kurzer Zeit können sich Frauen durch literarische Werke einen Namen machen und erlaubt ihnen die Gesellschaft, zum allgemeinen Publikum zu sprechen. Bisher wagen es nur wenige, irgendetwas zu sagen, was die Männer, von denen ihr literarischer Erfolg abhängt, nicht hören wollen. Erinnern wir uns, wie bis vor ganz kurzem das Äußern von Meinungen, die im Gegensatz zur herrschenden Meinung stehen oder als exzentrisch gelten, aufgenommen wurde und in gewissem Maße immer noch wird, auch wenn es Männer sind, die sie äußern. Erst dann sind wir in der Lage, uns ein Bild von den Hindernissen zu machen, die eine Frau überwinden muss, die dazu erzogen worden ist, Sitte und öffentliche Meinung zum Maßstab ihrer Lebensführung zu machen, wenn sie versucht, in literarischer Form etwas davon auszudrücken, was aus den Tiefen ihrer Natur kommt. Die großartigste Frau, die Schriften hinterlassen hat, die ihr einen eminenten Rang in der Literatur ihres Landes gesichert haben, hielt es für notwendig, ihrem kühnsten Werk das Motto voranzustellen: »Un homme peut braver l'opinion; une femme doit s'y soumettre.« Das meiste davon, was Frauen über Frauen schreiben, ist reine Liebedienerei gegenüber den Männern. Bei unverheirateten Frauen scheint viel nur darauf berechnet, ihre Chancen auf einen Ehemann zu erhöhen. Viele, ob verheiratet oder unverheiratet, schießen sogar übers Ziel hinaus und propagieren eine Unterwürfigkeit, [280] die weit über das hinausgeht, was Männer, außer den vulgärsten, wollen oder schätzen. Inzwischen trifft man davon allerdings weniger an als noch vor ganz kurzem. Die weiblichen Autoren werden immer freimütiger und haben immer weniger Hemmungen, zu sagen, was sie meinen. Leider sind sie, zumindest in diesem Land, selbst so sehr Kunstprodukte, dass das, was sie sagen, nur zum kleineren Teil aus individuellen Beobachtungen und Wahrnehmungen stammt und zum größeren Teil aus angelernten Assoziationen. Das wird sich in Zukunft nach und nach ändern, wenn auch nur in begrenztem Umfang, solange die gesellschaftlichen Institutionen den Frauen nicht in derselben Weise wie den Männern erlauben, ihre Originalität zu entfalten. Erst wenn diese Zeit gekommen ist, werden wir nicht nur vom Hörensagen, sondern durch Augenschein erfahren, was es bedeutet, die Natur der Frauen zu kennen und die Verhältnisse entsprechend anzupassen.

Ich habe mich so lange mit den Schwierigkeiten aufgehalten, die es den Männern gegenwärtig erschweren, sich ein angemessenes Bild von der wahren Natur der Frauen zu machen, weil hier, wie bei so vielen andern Dingen gilt: »opinio copiae inter maximas causas inopiae est« und wenig Hoffnung besteht, dass über die Sache vernünftig nachgedacht wird. Man schmeichelt sich, etwas zu verstehen, worüber man absolut nichts weiß. Gegenwärtig kann ein Mann oder sogar alle Männer zusammengenommen unmöglich genug wissen, um ihnen das Recht zu geben, den Frauen per Gesetz vorzuschreiben, was ihre Bestimmung ist und was nicht. Glücklicherweise ist ein solches Wissen auch gar nicht notwendig, wenn es darum geht, praktische Ziele im Zusammenhang mit der Stellung der Frauen zur Gesellschaft und zum Leben zu verfolgen. Denn nach den Grundsätzen der modernen Gesellschaft ist es Sache der Frauen selbst, über diese Ziele zu entscheiden – auf der

Grundlage ihrer eigenen Erfahrungen und Fähigkeiten. Es gibt kein anderes Mittel, um ausfindig zu machen, zu was ein Mensch imstande ist, als es auszuprobieren, und ein anderer kann unmöglich herausfinden, was zu tun oder zu lassen seinem Glück am meisten dient.

Einer Sache allerdings dürfen wir uns sicher sein: Wenn man der Natur der Frauen freies Spiel lässt, wird man sie nie dahin bringen, etwas zu tun, was ihrer Natur widerstreitet. Das Bemühen der Menschen, im Namen der Natur einzugreifen, aus Angst, die Natur könne andernfalls ihre Ziele verfehlen, ist eine völlig unnötige Sorge. Es ist ganz und gar überflüssig, Frauen etwas zu verbieten, was sie von Natur aus nicht tun können. Von dem, was sie tun können, aber nicht so gut wie die Männer, mit denen sie in Konkurrenz stehen, werden sie bereits durch den Wettbewerb abgehalten. Niemand verlangt Schutzzölle und Ausfuhrprämien zugunsten der Frauen. Verlangt ist nur die Aufhebung der gegenwärtigen Schutzzölle und Ausfuhrprämien zugunsten der Männer. Wenn Frauen für einige Beschäftigungen eine größere natürliche Neigung haben als für andere, bedarf es keiner Gesetze oder Erziehungsgrundsätze, um die Mehrzahl von ihnen dazu zu veranlassen, sich den Ersteren statt den Letzteren zuzuwenden. Wo immer die Dienste von Frauen am meisten verlangt werden, wird das freie Spiel der Konkurrenz für sie die stärksten Anreize schaffen, tätig zu werden. Und da sie am meisten für die Tätigkeiten gefragt sind, für die sie am geschicktesten sind, [281] können die Fähigkeiten der beiden Geschlechter, indem sie dem passenden Bedarf zugeordnet werden, im Ergebnis und im Großen und Ganzen die größte Summe an gesellschaftlichem Nutzen stiften.

Als die natürliche Bestimmung der Frau gilt unter Männern allgemein die, Ehefrau und Mutter zu sein. Ich sage: gilt, denn auf dem Hintergrund der Tatsachen – der ganzen gegenwärtigen Verfassung der Gesellschaft – könnte man erwarten, dass ihre Ansicht in die genau entgegengesetzte Richtung geht. Man könnte erwarten, dass diese vermeintlich natürliche Bestimmung der Frauen ihrer Natur geradewegs zuwider ist. Denn da sie frei sind, etwas anderes zu tun, und da sie andere Möglichkeiten haben, ihren Lebensunterhalt zu verdienen oder ihre Zeit und Fähigkeiten auf Erstrebenswerteres zu verwenden, könnte man erwarten, dass es nicht genügend viele gibt, die gewillt sind, ihre vermeintlich natürliche Bestimmung zu akzeptieren. Falls dies aber tatsächlich die Ansicht der Männer ist, wäre es gut, sie laut und deutlich auszusprechen. Ich für meinen Teil jedenfalls würde gern jemanden offen aussprechen hören, was zu diesem Thema in schriftlicher Form häufig genug angedeutet wird: »Es ist notwendig für die Gesellschaft, dass die Frauen heiraten und Kinder kriegen. Das werden sie nur tun, wenn man sie dazu zwingt. Deshalb muss man sie dazu zwingen.« Erst dann würde richtig deutlich, wie es mit der Sache steht. Es würde mit ihr nicht anders stehen als mit der der Sklavenhalter von South Carolina und Louisiana: »Es ist notwendig, dass Baumwolle und Zuckerrohr angebaut werden. Weiße können das nicht. Neger werden es für den Lohn, den wir ihnen dafür geben, nicht tun. Ergo müssen sie dazu gezwungen werden.« Eine vielleicht noch treffendere Illustration ist die Zwangsrekrutierung von Matrosen: »Matrosen sind notwendig, um das Vaterland zu verteidigen. Es kommt vor, dass sie freiwillig dazu nicht bereit sind. Folglich muss man sie mit Gewalt dazu pressen.« Wie oft ist diese Logik nicht angewendet worden! Und hätte sie nicht eine entscheidende Schwachstelle, wäre sie sicher noch heute in Gebrauch. Sie legt die Erwiderung nahe: »Bezahlt den Matrosen für ihre Arbeit erst einmal den redlichen Lohn. Wenn ihr sie so bezahlt, dass sie die Arbeit ebenso bereitwillig annehmen wie die anderer Arbeitgeber, werdet ihr keine größeren Schwierigkeiten als andere haben, ihre Dienste in Anspruch nehmen.« Darauf gibt es keine andere logische Antwort als: »Ich will nicht.« Und da man sich jetzt nicht nur schämt, den Arbeiter seines Lohns zu berauben, sondern dies auch nicht mehr will, hat das »Matrosenpressen« keine Verteidiger mehr. Doch diejenigen, die versuchen, die Frauen zur Heirat zu zwingen, indem sie ihnen alle anderen Türen verschließen, setzen sich demselben Vorwurf aus. Wenn sie meinen, was sie sagen, geht ihre Ansicht offensichtlich dahin, dass die Männer sich nicht der Mühe unterziehen sollten, den Frauen die Ehe so angenehm zu machen, dass sie diese um ihrer selbst willen wählen. Es ist kein Zeichen für die Wertschätzung dessen, was man anbietet, wenn man dem anderen keine Wahl lässt als »Friss oder stirb«. Und hier, meine ich, haben wir den Schlüssel zu den Ansichten der Männer, die eine ausgesprochene Antipathie gegen die Gleichberechtigung der Frauen haben. Meiner Meinung nach fürchten sie weniger, dass die Frauen überhaupt nicht heiraten wollen – ich kann mir nicht vorstellen, dass einer in Wirklichkeit diese Besorgnis hat –, sondern dass die Frauen für die Ehe gleiche Bedingungen fordern und Frauen mit Geist und Fähigkeiten es vorziehen könnten, lieber jede andere Beschäftigung zu wählen, die sie nicht als herabsetzend empfinden, als sich zu verheiraten, solange dies bedeutet, [282] sich der

Herrschaft eines Mannes zu überlassen, der Ansprüche nicht nur auf sie, sondern auch auf ihre gesamte irdische Habe hat. Und in der Tat: Solange die Heirat notwendig an diese Folge gekoppelt ist, scheint diese Befürchtung gut begründet. Auch halte ich es für wahrscheinlich, dass nur wenige Frauen, die zu irgendetwas anderem fähig sind – es sei denn, ein unwiderstehliches *Entrainement* mache sie eine Zeitlang für alles andere unempfänglich – sich entschließen könnten, ein solches Schicksal zu wählen, solange sie andere Chancen auf einen ehrenwerten Platz im Leben haben. Und solange die Männer entschlossen sind, das Gesetz der Ehe als Gesetz des Despotismus bestehen zu lassen, handeln sie vom Standpunkt der Klugheit nur folgerichtig, den Frauen nur die Wahl »Entweder dies oder gar nichts« zu lassen. In diesem Fall wäre allerdings alles, was bisher in der Welt geschehen ist, um die Frauen von den Fesseln im Kopf zu befreien, ein Fehler gewesen. Man hätte ihnen nie gestatten dürfen, sich eine literarische Bildung anzueignen. Frauen, die lesen, oder gar: Frauen, die schreiben, sind unter den bestehenden Verhältnissen widersprüchliche und störende Elemente. Man hätte sie niemals andere Dinge lernen lassen sollen, als sich für eine Odaliske oder eine Dienstmagd eignet.

Zweites Kapitel

[283] Es empfiehlt sich, die detailliertere Untersuchung unseres Gegenstands an dem Punkt zu beginnen, zu dem uns der bisherige Gang unserer Betrachtungen geführt hat, nämlich mit den Bedingungen, die die Gesetze dieses und aller anderen Länder an den Ehevertrag knüpfen. Die Gesellschaft weist den Frauen die Ehe als ihre Bestimmung zu. Sie erzieht sie mit der Aussicht darauf und gibt sie ihnen als das selbstverständlich anzustrebende Ziel vor (es sei denn, eine ist zu wenig attraktiv, um von einem Mann erwählt zu werden). Deshalb sollte man denken, dass alles getan worden ist, um ihnen diesen Zustand so angenehm wie möglich zu machen, so dass sie es nicht bedauern müssen, keine andere Wahl zu haben. In diesem wie anfangs in jedem anderen Fall hat es die Gesellschaft jedoch vorgezogen, ihren Zweck mit unfairen statt mit fairen Mitteln zu erreichen –, wobei dies allerdings der einzige Fall ist, in dem sie bis auf den heutigen Tag im Wesentlichen dabei geblieben ist. Ursprünglich nahmen sich die Männer die Frauen mit Gewalt, oder die Väter boten ihre Tochter regelrecht zum Kauf an. Noch in späten Perioden der Geschichte Europas hatte der Vater die Macht, ohne Rücksicht auf den Willen der Tochter nach Gutdünken über ihren Ehepartner zu bestimmen. Nur die Kirche erwies sich den Gesetzen einer höheren Moralität verpflichtet, indem sie bei der Trauung von der Frau ein förmliches Jawort verlangte. Doch damit gab es nichts mehr, das zeigen konnte, dass die Zustimmung anders als freiwillig war. Falls der Vater auf seinem Willen bestand, war es dem Mädchen praktisch unmöglich, sich ihm zu verweigern, ausgenommen vielleicht, wenn sie

sich ganz unter den Schutz der Religion begab und sich verpflichtete, das Klostergelübde abzulegen. Mit der Eheschließung erhielt der Mann – in vorchristlichen Zeiten – die Macht über Leben und Tod der Frau. Gegen ihn konnte sie kein Gesetz anrufen, er war ihr einziges Gesetz und Gericht. Lange Zeit konnte er sie verstoßen, ohne dass sie über ein entsprechendes Recht verfügt hätte. Das alte englische Gesetz nannte den Mann den *lord* seiner Frau, er war buchstäblich ihr Souverän. Die Folge war, dass der von einer Frau an ihrem Mann begangene Mord als Verrat galt und grausamer bestraft wurde als der Hochverrat, nämlich durch Verbrennen bei lebendigem Leibe. Weil diese Ungeheuerlichkeiten inzwischen außer Gebrauch gekommen sind (allerdings sind viele niemals förmlich oder doch erst lange, nachdem sie nicht mehr praktiziert wurden, abgeschafft worden), glauben viele, es sei jetzt mit dem Ehevertrag [284] alles so, wie es sein sollte, und Zivilisation und Christentum hätten die Frauen, wie man zu behaupten nicht müde wird, in die ihnen gebührenden Rechte eingesetzt. In Wahrheit ist die Frau aber nach wie vor die Leibeigene des Mannes, und hinsichtlich ihrer Rechtsstellung ist sie es in keinem geringeren Maße als die, die gemeinhin Sklaven genannt werden. Sie gelobt ihm am Altar lebenslangen Gehorsam, und das Gesetz verpflichtet sie ihr ganzes Leben lang darauf. Kasuisten werden vielleicht dagegenhalten, dass die Verpflichtung zum Gehorsam nicht so weit geht, dass sie sich damit selbst noch zur Teilnahme an einem Verbrechen verpflichtet. Aber sie verpflichtet sich damit auf so gut wie alles andere. Sie kann nichts tun, ohne dass er es – zumindest stillschweigend – erlaubt. Sie kann für sich kein Eigentum erwerben. In demselben Moment, in dem es ihr zufällt, und sei es durch Erbschaft, wird es *ipso facto* das seine. In dieser Beziehung ist die Lage der Ehefrau unter dem englischen *common law* schlechter als die Lage der Sklaven nach den Gesetzen anderer Länder. So gestattete das römische Gesetz dem Sklaven sein *peculium* und sicherte es ihm in einem gewissen Umfang zu seinem ausschließlichen Gebrauch. Die höheren Klassen Englands haben versucht, ihren Frauen ähnliche Vorteile zu sichern, indem sie ihnen durch besondere Abmachungen und unter Umgehung der Ehegesetze Nadelgeld und Ähnliches aussetzten. Da das väterliche Wohlwollen bei den Vätern stärker ist als die Verbundenheit mit den männlichen Geschlechtsgenossen, ziehen sie im Allgemeinen ihre eigene Tochter dem Schwiegersohn, der für sie ein Fremder ist, vor. Mit geeigneten Verträgen sorgen die Reichen dafür, dass der Mann keine absolute Kontrolle über das ererbte Vermögen der Frau bekommt. Sie vermögen ihr allerdings nicht selbst die Kontrolle darüber zu verschaffen. Das Einzige, was sie tun können, ist, den Mann daran zu hindern, das Geld zu verschwenden. Die rechtmäßige Eigentümerin hat keine Möglichkeit, selbst darüber zu verfügen. Vielmehr wird das Vermögen der Verfügung beider Ehepartner entzogen. Was den Ertrag betrifft, so ist diejenige Form des Vertrags die günstigste für die Frau, die *to her separate use* heißt und lediglich verhindert, dass er ihm statt ihr zufällt. Das Geld muss durch ihre Hände gehen. Nimmt er es ihr jedoch, sobald sie es erhalten hat, mit Gewalt ab, kann er dafür weder bestraft noch zur Rückzahlung gezwungen werden. Weiter geht der Schutz nicht, den nach den Gesetzen dieses Landes selbst noch der mächtigste Aristokrat seiner Tochter gegenüber ihrem Ehemann gewähren kann.

Doch in der überwiegenden Mehrzahl der Fälle gibt es keine solche Abmachung, und der Frau verbleibt ebenso wenig Verfügung über ihr Eigentum wie ihr Handlungsfreiheit verbleibt. Das Gesetz betrachtet die beiden als rechtlich »ein und dieselbe Person« und folgert daraus, dass das, was ihr gehört, auch ihm gehört, während niemals der Parallelschluss gezogen wird, dass das, was ihm gehört, auch ihr gehört. Diese Maxime wird gegenüber dem Mann niemals angewendet, außer, um ihn dritten Personen gegenüber für ihre Handlungen verantwortlich zu machen, gerade so, wie ein Herr als verantwortlich gilt für das, was seine Sklaven oder sein Vieh tun. Ich bin weit entfernt davon zu behaupten, dass die Frauen im Allgemeinen nicht besser behandelt werden als Sklaven. Doch ist kein Sklave Sklave in demselben Umfang und in demselben Vollsinn des Wortes, wie es die Ehefrau ist. Nur wenige Sklaven, mit Ausnahme der persönlichen Diener ihrer Herren sind in jeder Stunde und in jeder Minute Sklave. Im Allgemeinen haben sie, ähnlich wie Soldaten, bestimmte festgelegte Aufgaben, und wenn diese erledigt sind oder wenn sie frei haben, verfügen sie innerhalb gewisser Grenzen über ihre Zeit und haben ein Familienleben, in das der Herr nur selten störend eingreift. »Onkel Tom« hat bei seinem ersten Herrn seine »Hütte« und lebt darin beinahe ebenso, wie jeder andere Mann [285] in seiner Familie lebt, der außerhalb des Hauses arbeitet. Bei der Ehefrau ist das nicht so. Vor allem hat eine Sklavin, zumindest in christlichen Ländern, das Recht (und wird dazu sogar für moralisch verpflichtet gehalten), ihrem Herrn die äußerste Vertraulichkeit zu verweigern. Nicht so eine Ehefrau. Unabhängig davon, wie brutal der Tyrann ist, an den sie gekettet ist – auch wenn sie weiß, dass er sie hasst, auch wenn es sein tägliches Vergnügen ist, sie zu quälen, auch wenn sie ihn nicht anders als verabscheuen kann –, er kann von ihr verlangen und sie dazu zwingen, sich auf die tiefste Stufe zu erniedrigen, auf die sich ein Mensch erniedrigen kann und sich gegen ihre Neigung zum Werkzeug animalischer Befriedigung machen zu lassen. Während sie damit, was ihre Person betrifft, auf die unterste Stufe der Sklaverei herabgedrückt wird: In welcher Position befindet sie sich gegenüber den Kindern, an denen sie und ihr Herr ein gemeinschaftliches Interesse haben? Dem Gesetz nach sind sie *seine* Kinder. Er allein hat gesetzliche Rechte über sie. Nichts kann sie für die Kinder oder in Bezug auf sie bestimmen, außer in seinem Auftrag. Selbst nach seinem Tod ist sie nur dann ihr gesetzlicher Vormund, wenn er sie testamentarisch dazu bestimmt hat. Bevor dieses Recht ein Stück weit durch den *Serjeant Talfourd's Act* eingeschränkt wurde, konnte er ihr die Kinder sogar entziehen und es ihr unmöglich machen, sie zu sehen oder mit ihnen zu korrespondieren. So steht es um die rechtliche Lage der Frau. Und sie kann sich dieser Lage auf keine Weise entziehen. Verlässt sie ihren Ehemann, kann sie nichts mitnehmen, weder ihre Kinder noch irgendetwas von ihrem rechtmäßigen Eigentum. Wenn er will, dann kann er sie zur Rückkehr zwingen, rechtlich oder durch Anwendung körperlicher Gewalt, oder er kann sich damit zufriedengeben, ihr alles zu nehmen, was sie verdient oder was ihr von Verwandten zugewendet wird. Nur eine gesetzliche, durch das Urteil eines Gerichts ausgesprochene Scheidung gibt ihr das Recht, allein zu leben, ohne in die Gewalt ihres finsteren Kerkermeisters zurückkehren zu müssen, und ihr Einkommen für sich selbst zu nutzen, ohne befürchten zu müssen, dass ein Mann, den sie vielleicht 20 Jahre lang nicht gesehen hat, sie eines Tages überfällt und ihr alles nimmt. Allerdings war eine gesetzliche Scheidung bis vor kurzem mit hohen Kosten verbunden, so dass sie allenfalls für die höheren Stände in Frage kam. Selbst jetzt noch wird sie nur in Fällen böswilligen Verlassens oder brutaler Behandlung ausgesprochen. Dennoch hört man täglich Klagen darüber, dass sie zu leicht gewährt werde. Gewiss, wenn der Frau nur das eine Lebensschicksal offensteht, die persönliche Sklavin eines Despoten zu werden, und sie davon abhängig ist, einen Herrn zu finden, der sie mehr als Favoritin denn als Packesel behandelt, dann muss es eine grausame Erschwerung ihres Schicksals sein, dass man ihr nur gestattet, diese Chance ein einziges Mal zu nutzen. Die natürliche Folgerung wäre die, dass es, da für die Frau im Leben alles darauf ankommt, einen guten Herrn zu finden, ihr gestattet sein sollte, so lange den Ehemann zu wechseln, bis sie einen gefunden hat, mit dem sie leben will. Ich sage nicht, dass ich für sie dieses Privileg verlange. Darum geht es hier nicht. Auf die Frage der Scheidung in Bezug auf die Freiheit der Wiederverheiratung einzugehen, würde von der gegenwärtigen Fragestellung wegführen. Ich will hier nur sagen, dass für die, die man zur Dienstbarkeit verurteilt, die freie Wahl der Dienstbarkeit die einzige, obwohl [286] noch immer unzureichende Erleichterung wäre. Dass man sie ihr verweigert, komplettiert den Vergleich zwischen Ehefrau und Sklavin bzw. zwischen Ehe und einer verschärften Form von Sklaverei. Denn nach manchen Sklavengesetzen konnten die Sklaven Herren, die sie übel behandelten, unter gewissen Umständen gesetzlich zwingen, sie zu verkaufen. In England aber vermag selbst die fortgesetzteste schlechte Behandlung, wenn nicht noch Ehebruch dazukommt, die Frau nicht von ihrem Peiniger zu befreien.

Ich möchte nicht übertreiben, doch die Sache hat auch keine Übertreibung nötig. Ich habe lediglich die rechtliche Stellung der Frauen geschildert, nicht, wie sie tatsächlich behandelt werden. Die Gesetze der meisten Länder sind weit schlimmer als die Menschen, die sie ausführen, und viele von ihnen bleiben nur deshalb in Geltung, weil sie selten oder nie zur Anwendung kommen. Wäre das Eheleben tatsächlich so, wie es sich aus der Perspektive der Gesetze darstellt, wäre die Gesellschaft die Hölle auf Erden. Glücklicherweise haben viele Männer Gefühle und Interessen, die mit Neigungen und Anreizen zur Tyrannei unvereinbar sind oder diese zumindest erheblich abmildern. Das wichtigste Beispiel ist die gefühlmäßige Bindung der Eheleute aneinander. Die einzige andere Bindung, die der zwischen Mann und Frau nahekommt, die zwischen Vater und Kindern, stärkt diese Bindung in der Regel (von wenigen Ausnahmefällen abgesehen) und kommt mit ihr nicht in Konflikt. Weil das so ist und weil die Männer im Allgemeinen den Frauen nicht das ganze mit der gesetzlichen Tyrannei verbundene Elend bereiten und die Frauen dieses Elend nicht erleiden müssen, halten die Verteidiger des bestehenden Systems dessen Unfairness für gerechtfertigt und meinen, nur ein Querulant könne das kleinere Übel nicht für das größere Gute in Kauf nehmen. Doch die in der Praxis üblichen Abmilderungen, die mit der rechtlichen Aufrechterhaltung dieser oder jeder anderen Form von Tyrannei zusammenbestehen, sind keine Verteidigungsrede auf den Despotismus, sondern Zeugnisse der Kraft in der menschlichen Natur, sich den abscheulichsten Institutionen entgegenzustellen, sowie der Vitalität der Keime des Guten wie des Bösen im menschlichen Charakter. Alles, was für den politischen Despotismus gilt, gilt auch für den familiären. Nicht jeder absolute Monarch sitzt am Fenster und ergötzt sich an den Seufzern der gequälten Untertanen, noch nimmt er ihnen den letzten Fetzen und schickt sie frierend auf die Straße. Der Despotismus Ludwigs XVI. war nicht der Despotismus eines Philipp des Schönen oder eines Nadir Schah oder eines Caligula. Immerhin war er schlimm genug, die Französische Revolution zu rechtfertigen und selbst noch ihre Schrecken zu entschuldigen. Will man sich auf die zwischen den Ehegatten existierende intensive Verbundenheit berufen, lässt sich genau dasselbe zugunsten der Sklaverei sagen. Bei den Griechen und Römern war es nicht außergewöhnlich, dass Sklaven sich eher zu Tode foltern ließen als ihre Herren zu verraten. Bei den Ächtungen der römischen Bürgerkriege war auffällig, dass sich die Geächteten bei ihren Frauen und Sklaven auf eine heroische Treue verlassen konnten, während die Söhne häufig zu Verrätern wurden. Und doch wissen wir, wie grausam viele Römer ihre Sklaven behandelten. Die Wahrheit ist, dass individuelle Gefühle sich nirgends zu solcher Üppigkeit entwickeln wie unter den abscheulichsten Institutionen. Es gehört zur Ironie des Lebens, dass die stärksten Gefühle der Dankbarkeit, deren Menschen fähig sind, denen gegenüber bestehen, die die Macht haben, ihre irdische [287] Existenz zu vernichten, jedoch freiwillig auf den Gebrauch dieser Macht verzichten. Eine wie große Bedeutung diesem menschlichen Gefühl zukommt, etwa in der Frömmigkeit, würde wohl niemand genauer wissen wollen. Es wäre zu grausam. Doch sehen wir täglich, wie sehr die Dankbarkeit gegen Gott dadurch angeregt wird, dass man Mitmenschen sieht, gegenüber denen Gott nicht ganz so barmherzig gewesen ist wie gegenüber einem selbst.

Die Sklaverei, der politische Absolutismus oder der Absolutismus des Familienoberhaupts: Die Verteidiger dieser Institutionen verlangen immer wieder, sie nach ihren besten und nicht nach ihren finstersten Beispielen zu beurteilen. Uns werden Bilder von liebevoller Autorität auf der einen, liebender Unterwerfung auf der anderen Seite präsentiert – von erhabener Weisheit, die alle Dinge zum größten Glück für die Untergebenen ordnet, umgeben von Lächeln und Segenssprüchen. All dies wäre von Bedeutung, würde jemand behaupten, es gebe keine wohlgesinnten Männer. Wer wollte jedoch bezweifeln, dass es unter der absoluten Herrschaft eines guten Mannes große Güte, großes Glück und große Zuneigung geben kann. Gesetze und Institutionen müssen jedoch nicht auf die guten, sondern auf die schlechten Männer zugeschnitten sein. Die Ehe ist keine Institution für wenige Auserwählte. Männer müssen, wenn sie heiraten, nicht beweisen, dass sie die Voraussetzungen dafür erfüllen, mit absoluter Macht betraut zu werden. Das Band der Zuneigung und der Pflicht gegen Frau und Kinder ist bei denen, die allgemein starke soziale Gefühle haben, ebenfalls stark, wie auch bei vielen, die für andere soziale Bande weniger empfänglich sind. Doch existieren alle Grade von Empfänglichkeit dafür, wie es im Charakter der Menschen alle Grade des Guten und Bösen gibt, bis zu denen, die sich durch keinerlei soziale Bande binden lassen und auf die die Gesellschaft nur durch ihre *ultima ratio*, das Strafrecht, einwirken kann. Auf jeder Stufe dieser Stufenleiter gibt es Männer, die über die ganze vom Gesetz gewährte eheliche Macht verfügen. Selbst noch der abscheulichste Verbrecher hat ein unglückliches Weib, das an ihn gekettet ist und gegen das er jede Grausamkeit außer Mord begehen kann. Ja selbst den kann er begehen, sofern er hinreichend vorsichtig ist, ohne befürchten zu müssen, mit den Strafgesetzen in Konflikt zu kommen. Und wie viele Tausende Männer gibt es in den untersten Klassen jedes Landes, die zwar nicht im Rechtssinn Verbrecher sind, weil ihre Aggressivität außerhalb der Ehe auf entsprechenden Widerstand stößt, die sich aber regelmäßig Exzesse körperlicher Gewalt gegen ihre unglückliche Ehefrau leisten – die einzige erwachsene Person, die sich ihrer Brutalität weder erwehren noch ihr entfliehen kann. Fern davon, dass die grenzenlose Abhängigkeit der Frau ihrer gemeinen und wilden Natur großmütige Nachsicht einflößt und es für sie ein Ehrenpunkt ist, ein Wesen, dessen Leben gänzlich ihrer Güte anvertraut ist, gut zu behandeln, behandeln sie sie, in dem Wissen, dass das Gesetz sie ihnen als Sache ausgeliefert hat, als etwas, mit dem sie nach Gutdünken verfahren können und auf das sie keine der Rücksichten nehmen müssen, die sie gegenüber anderen zu beachten haben. Zugegeben: Das Recht, das bis vor kurzem die häusliche Unterdrückung auch in ihren äußersten Extremen praktisch straflos ließ, hat in den letzten Jahren einige schwache Versuche unternommen, sie in die Schranken zu verweisen. Doch haben diese Versuche wenig bewirkt, und es widerspricht jeder Vernunft und Erfahrung anzunehmen, dass man Brutalitäten dieser Art eindämmen könne, solange man das Opfer weiterhin der Macht ihres Peinigers überlässt. Solange nicht eine Verurteilung wegen [288] Körperverletzung oder zumindest eine zweite Verurteilung die Frau automatisch zur Scheidung oder zumindest zu einer gerichtlich angeordneten Trennung berechtigt, werden Versuche, diese schweren Widerrechtlichkeiten strafrechtlich zu verfolgen, am Fehlen eines Klägers oder Zeugen scheitern.

Bedenkt man, wie groß in jedem größeren Land die Zahl der Männer ist, die nicht sehr weit über den Tieren stehen, und dass die Ehegesetze sie nicht daran hindern, Opfer zu finden, wird das ganze Ausmaß des menschlichen Elends deutlich, das der Missbrauch dieser Institution ermöglicht. Und doch sind dies nur die Extremfälle. Sie sind der tiefste Abgrund – aber in die Tiefe führen viele Stufen und auf jeder Stufe geschieht Fürchterliches. In der häuslichen wie in der politischen Tyrannei demonstrieren die monströsen Beispiele, dass es keine Gräueltat gibt, die unter ihr nicht geschehen kann, wenn es dem Despoten gefällt, und sie geben einen Hinweis darauf, wie häufig die etwas weniger grässlichen Dinge vorkommen müssen. Absolute Teufel sind so selten wie Engel und vielleicht noch seltener. Dagegen sind hemmungslose Bestien mit gelegentlichen Anflügen von Menschlichkeit ziemlich häufig. Und zwischen den Bestien und den würdigen Repräsentanten der Menschheit gibt es viele Formen und Abstufungen von Bestialität und Egoismus, oft versteckt unter dem Firnis der Zivilisation und sogar der Bildung. Sie sind mit dem Gesetz im Reinen, wahren den Schein gegenüber allen, die nicht unter ihrer Macht stehen, doch sie machen das Leben derer, die von ihnen abhängig sind, häufig zur Hölle. Nach der langen, sich über die Jahrhunderte hinziehenden politischen Diskussion scheint es müßig, die Gemeinplätze über die geringe Eignung der Menschen im Allgemeinen für die Ausübung von Macht zu wiederholen, die jeder auswendig kennt – es sei denn um sie auf diejenige Form von Macht anzuwenden, an die kaum jemand denkt, auf die sie aber vor allen anderen zutrifft: die Macht, die nicht dem einen oder anderen hier und dort übertragen wird, sondern die jedem erwachsenen Mann und noch dem niedrigsten und bestialischsten selbstverständlich übertragen wird. Dass von einem Mann nicht bekannt ist, dass er gegen eins der Zehn Gebote verstoßen hat, oder dass er sich gegenüber denen, die er nicht zum Umgang mit ihm zwingen kann, anständig aufführt, oder dass er bei denen, die sich nicht alles gefallen lassen müssen, nicht zu Wutanfällen neigt, lässt keinen Schluss darauf zu, wie er sich unter den enthemmenden Bedingungen des Familienlebens verhält. Selbst die gewöhnlichsten Menschen sparen die gewaltsamen, missmutigen und offen egoistischen Seiten ihres Charakters für diejenigen auf, die ihnen ausgeliefert sind. Die Beziehungen zwischen Vorgesetzen und Abhängigen sind die Brutstätte dieser Charaktermängel, und wo immer sie sich sonst noch finden, stammen sie aus dieser Quelle. Von einem Menschen, der grimmig oder gewaltsam gegen ihm Gleichgestellte ist, kann man annehmen, dass er zuvor unter Abhängigen gelebt hat, die er durch Drohungen und Schikanen einschüchtern konnte. Mag die Familie in ihren besten Formen, wie häufig gesagt wird, auch eine Schule der Sympathie, der Zärtlichkeit und der liebevollen Selbstvergessenheit sein, so ist sie doch häufiger, was ihr Oberhaupt betrifft, eine [289] Schule der Willkür, der Herrschsucht, des Sichgehenlassens und einer eingefleischten und sich selbst idealisierenden Selbstsucht, von der das, was gemeinhin aufopferungsvolle Hingabe genannt wird, nur eine besondere Form ist – denn die Sorge um die Ehefrau und die Kinder ist ja auch eine Sorge um die Interessen und Besitztümer des Mannes, und ihr eigenes Glück in jeder Form eine Opfergabe für das Vergnügen des Mannes. Was ist auch Besseres von der gegenwärtigen Form dieser Institution zu erwarten? Wir wissen, dass die schlechten Neigungen der menschlichen Natur nur dadurch in Schranken gehalten werden können, dass ihnen keine Gelegenheit zur Betätigung gegeben wird. Wir wissen, dass so gut wie jeder, dem sich andere unterordnen, aus innerem Antrieb und Gewohnheit oder sogar aus bewusster Überlegung übergriffig wird, bis ein Punkt erreicht ist, an dem diese sich gezwungen sehen, ihm Widerstand zu leisten. Wenn dies die allgemeine Tendenz der menschlichen Natur ist, muss die beinahe unbegrenzte Macht, die die gegenwärtigen gesellschaftlichen Institutionen dem Mann über wenigstens ein menschliches Wesen geben, und zwar über dasjenige, mit dem er zusammenlebt, das er beständig um sich hat – muss diese Macht, sage ich, die auf dem tiefsten Grund seiner Seele schlummernden Keime der Selbstsucht wecken, diese wie schwache Funken und schwelende Kohlen anfachen und ihm die Lizenz verschaffen, diejenigen Seiten seines ursprünglichen Charakters hervorzukehren, die er in allen anderen Beziehungen zu unterdrücken und zu verbergen für notwendig hielte und deren Unterdrückung ihm mit der Zeit zur zweiten Natur geworden wäre. Ich weiß sehr wohl, dass die Sache auch noch eine andere Seite hat: Ich garantiere Ihnen, dass die Ehefrau, mag sie auch unfähig sein, offenen Widerstand zu leisten, doch Vergeltung üben und dem

Mann das Leben äußerst ungemütlich machen kann. Sie hat auf diese Weise die Macht, vieles durchzusetzen, was sie durchsetzen sollte (wenn auch vieles, was sie nicht durchsetzen sollte). Doch hat diese Macht der Selbstverteidigung – man könnte sie die Macht der Widerspenstigkeit nennen – den großen Fehler, dass sie gegen die am wenigsten tyrannischen Machthaber am meisten ausrichtet und zugunsten der am wenigsten würdigen Abhängigen eingesetzt wird. Es ist die Waffe eigensinniger und unverträglicher Frauen, solcher, die, wenn sie die Macht hätten, davon den übelsten Gebrauch machen würden. Die liebenswürdigen können mit einer solchen Waffe nicht umgehen, und die hochgesinnten verachten sie. Auf der anderen Seite sind die Männer, gegen die sie am wirksamsten eingesetzt wird, die sanfteren und harmloseren, die, die selbst durch Provokationen nicht zu einer harscheren Anwendung ihrer Autorität zu verleiten sind. Die Macht der Ehefrau, unleidlich zu sein, führt gewöhnlich nur zur Gegentyrannei und nimmt sich hauptsächlich solche Männer zu Opfern, die am wenigsten geneigt sind, sich als Tyrannen aufzuführen.

Was mäßigt denn nun aber die korrumpierenden Einflüsse der Macht und was erklärt das Ausmaß des Guten, das wir tatsächlich vorfinden? Die weiblichen Reize, so groß ihr Einfluss in einzelnen Fällen auch sein mag, sind zu wenig wirksam, um auf die Situation im Großen und Ganzen viel Einfluss zu haben. Ihre Macht hält nur so lange an, wie die Frau jung und anziehend ist, oft auch nur, solange sie den Reiz der Neuheit hat und dieser sich nicht im Zuge der alltäglichen Vertrautheit verliert, und auf viele Männer haben sie zu keiner Zeit einen nennenswerten Einfluss.

Die eigentlichen mildernden Elemente sind die im Laufe der Zeit wachsende persönliche Zuneigung, soweit die Natur des Mannes dazu fähig und der Charakter der Frau und der des Mannes hinlänglich zueinander passen; ihr gemeinsames Interesse an ihren [290] Kindern sowie (in engen Grenzen) an Dritten; die wichtige Rolle der Ehefrau für sein tägliches Behagen und seine Annehmlichkeiten und der Wert, den er ihr aufgrund ihrer persönlichen Dienstleistungen beimisst (der – zumindest bei Männern, die der Gefühle für andere überhaupt fähig sind – die Grundlage dafür ist, die Frau um ihrer selbst willen wertzuschätzen); und zuletzt der Einfluss, den natürlicherweise alle Menschen auf andere haben, die ihnen nahestehen (falls ihnen diese nicht in besonderer Weise unangenehm sind) und die sowohl aufgrund eines ausdrücklichen Verlangens als auch durch die unmerkliche Übertragung ihrer Gefühle und Neigungen häufig fähig sind – falls nicht ein gleichermaßen starker persönlicher Einfluss entgegenwirkt – ein nahezu exzessives und unproportionales Ausmaß von Kontrolle über das Verhalten dessen, dem sie untergeordnet sind, zu erlangen. Dadurch gelingt es der Ehefrau zuweilen, großen Einfluss auf den Mann zu erlangen und sein Verhalten in vielen Dingen zu bestimmen, auch in solchen, in denen sie gar nicht qualifiziert ist, ihn zum Guten zu beeinflussen, sondern in denen sie auch moralisch auf der falschen Seite steht und in denen er besser nach seinen eigenen Vorstellungen handeln würde. Doch ist weder in der Familie noch in Staatsangelegenheiten Macht ein Ersatz für Freiheit. Ihr verschafft ihre Macht häufig das, auf das sie kein Recht hat, doch sie verschafft ihr nicht das Recht, ihre Rechte zu behaupten. Die Lieblingssklavin eines Sultans hat Sklavinnen unter sich, die sie tyrannisiert – während zu wünschen wäre, dass sie weder Sklavinnen hat noch selber eine ist. Indem sie ihre eigene Existenz ganz in der des Mannes aufgehen lässt, indem sie in allen Dingen, die sie gemeinsam betreffen, keinen eigenen Willen hat (oder ihn das zumindest glauben lässt) und indem sie es sich zur Lebensaufgabe macht, auf seine Gefühle einzuwirken, mag die Ehefrau sich vielleicht die Genugtuung verschaffen, auf sein Verhalten in äußern Dingen einzuwirken, auch dann, wenn sie diese nicht beurteilen kann oder ihrerseits unter dem Einfluss persönlicher Parteilichkeiten und Vorurteile steht. Demzufolge werden, wie die Dinge jetzt liegen, diejenigen Ehemänner, die sich gegen ihre Frauen am freundlichsten verhalten, in Angelegenheiten, die über die Familie hinausgehen, durch deren Einfluss ebenso oft zum Schlechteren wie zum Besseren verführt. Ihr ist beigebracht worden, sich um Angelegenheiten, die außerhalb dieser Sphäre liegen, nicht zu kümmern. Infolgedessen hat sie selten eine authentische und durchdachte Ansicht dazu. Und wenn sie sich überhaupt einmal einmischt, dann nicht aus legitimen, sondern aus eigennützigen Gründen. Sie weiß nicht und fragt auch nicht danach, welche Seite in der Politik recht hat. Aber sie weiß, von welcher Seite Geld oder Einladungen oder ein Titel für ihren Mann, eine Stellung für ihren Sohn oder eine gute Partie für ihre Tochter zu erwarten ist.

Doch kann denn, wird man fragen, eine Gemeinschaft ohne Regierung bestehen? Wie im Staat muss doch auch in der Familie einer die oberste Entscheidungsgewalt innehaben. Wer soll entscheiden, wenn Eheleute sich nicht einigen können? Sie können nicht jeder tun, was sie wollen, sondern es muss eine wie immer geartete Entscheidung getroffen werden.

Es ist nicht wahr, dass in jeder freiwilligen Verbindung von zwei Menschen einer die alleinige Entscheidungsgewalt innehaben muss. Noch weniger, dass das Recht festlegen muss, wer von beiden dies sein soll. Das häufigste Beispiel für eine freiwillige Verbindung ist neben der Ehe die Geschäftspartnerschaft. Auch in diesem Fall ist es nicht notwendig, [291] jeweils einen Partner vorzusehen, der das Geschäft vollständig unter seiner Kontrolle hat und dessen Anweisungen alle anderen folgen müssen. Niemand würde in eine Partnerschaft eintreten, die ihn vollständig den Entscheidungen eines Prinzipals unterwürfe und ihm keine andere Macht und keine anderen Privilegien als die eines Angestellten oder Agenten gewährte. Verführe das Recht bei Unternehmensverträgen nach denselben Grundsätzen wie beim Ehevertrag, müsste es vorsehen, dass ein Partner allein das Geschäft so führt, als ob es seine Privatangelegenheit wäre, während der andere nur im Auftrag tätig sein dürfte, und dass die Rangfolge gesetzlich geregelt wäre, zum Beispiel nach dem jeweiligen Alter. Das Recht sieht dies nicht vor, und die Erfahrung zeigt nicht, dass es notwendig ist, die Zuständigkeiten zwischen den Partnern ungleich aufzuteilen oder irgendwelche anderen Bedingungen zu fordern, die über das, was beide miteinander vertraglich vereinbart haben, hinausgehen. Dennoch wäre die Erteilung einer unbeschränkten Machtposition in diesem Fall für die Rechte und Interessen des Untergeordneten weniger bedrohlich als im Fall der Ehe, da ein Geschäftspartner die Partnerschaft aufkündigen kann. Die Ehefrau hat diese Freiheit nicht, und selbst wenn sie sie hätte, wäre es für sie nahezu immer vorteilhaft, auf dieses Mittel erst dann zurückzugreifen, nachdem sie alles andere versucht hat.

Es ist sicher richtig, dass Dinge, die tagtäglich entschieden werden müssen, die sich nicht nach und nach von selbst regeln oder auf einen Kompromiss warten können, von einer einzigen Person entschieden werden müssen. Einer muss zuständig sein. Doch folgt daraus nicht, dass dies immer dieselbe Person sein muss. Das natürlichste Arrangement wäre eine Aufteilung der Entscheidungsgewalt zwischen beiden. Jeder wäre in seinem Bereich souverän, und jede Veränderung des Systems und der Prinzipien der Zusammenarbeit bedürfte der Zustimmung beider. Die Aufteilung im Einzelnen kann und sollte nicht gesetzlich bestimmt werden, da sie von den individuellen Fähigkeiten und von der jeweiligen Zweckmäßigkeit abhängt. Wenn die Partner das wollen, könnten sie entsprechende Bestimmungen in den Ehevertrag aufnehmen, so wie man gegenwärtig finanzielle Dinge regelt. Es dürfte nur selten schwerfallen, solche Dinge einvernehmlich zu regeln, außer in den beklagenswerten Fällen, in denen dies wie alles andere zum Gegenstand von Streit und Gezänk wird. Die Aufteilung der Rechte würde natürlicherweise der Aufteilung der Pflichten und Zuständigkeiten folgen, und diese sollte durch Vereinbarung vorgenommen werden – nicht durch Gesetze, sondern nach Gewohnheit und Herkommen, angepasst und anpassbar an die Wünsche der Beteiligten.

In der Praxis wird das Vorgehen, was immer gesetzlich dazu festgelegt ist, zumeist – wie es auch gegenwärtig der Fall ist – von den jeweiligen Fähigkeiten abhängen. Schon der Umstand, dass der Mann gewöhnlich der Ältere ist, wird ihm in den meisten Fällen das Übergewicht geben, wenigstens so lange, bis beide ein Lebensalter erreicht haben, in dem der Altersunterschied nicht mehr von Bedeutung ist. Ebenso wird diejenige Seite natürlicherweise eine gewichtigere Stimme haben, von der der Lebensunterhalt kommt. Ungleichheiten dieser Art sind keine Sache des Eherechts, sondern der allgemeinen Verfassung der heute bestehenden Gesellschaft. Einen großen Einfluss wird auch die geistige Überlegenheit im Allgemeinen und Besonderen sowie die überlegene Charakterstärke haben. So ist es ja gegenwärtig durchweg. Und das zeigt, wie wenig zu befürchten ist, wenn man die Kompetenz- und Verantwortungsbereiche [292] von Lebenspartnern durch wechselseitige Vereinbarung ebenso aufgeteilt (ähnlich wie die von Geschäftspartnern). So werden sie ja auch bereits aufteilt, außer wo sich die Ehe als Fehlschlag erweist. Üblicherweise stellt sich das Verhältnis zwischen den Eheleuten nicht so dar, dass die eine Seite entscheidet und die andere nur gehorcht – es sei denn in dem Falle, dass die Verbindung von vornherein ein Fehler war, und es für beide ein Segen wäre, aus ihr befreit zu werden. Man wird vielleicht einwenden, dass das, was ein gütliches Einvernehmen in Streitfällen ermöglicht, nichts anderes als die Gesetzesmacht im Hintergrund ist – so wie man sich ja auch einem Schiedsspruch beugt, weil hinter ihm ein Gericht seht, von dem man weiß, dass es einen zur Einigung zwingen kann. Um Parallelität zwischen den Fällen herzustellen, müssten wir allerdings annehmen, dass das Gericht gehalten wäre, nicht die Sache zu entscheiden, sondern stets zugunsten einer Seite zu urteilen, etwa für den Beklagten. In diesem Fall wäre der

Rechtsweg ein Grund für den Kläger, nahezu jeder Regelung zuzustimmen, und für den Beklagten, jeder zu widersprechen. So ist auch die despotische Gewalt, die das Recht dem Ehemann zuspricht, für die Frau ein Grund, jedem Kompromiss zuzustimmen, durch den die Gewalt zwischen beiden in der Praxis aufgeteilt wird, aber kein Grund für den Ehemann. Dass es zwischen zwei halbwegs vernünftigen Menschen in der Praxis immer zu einem Kompromiss kommt, auch wenn zumindest einer von beiden weder physisch noch psychisch dazu gezwungen ist, zeigt, dass bei Menschen, die in einer für sie annehmbaren Weise zusammenleben, die natürlichen Motive in der Regel und abgesehen von wenigen ungünstigen Fällen überwiegen. Die Lage wird aber nicht dadurch verbessert, dass ein Gesetz festlegt, dass der Überbau einer freien Regierung auf einer Rechtsgrundlage errichtet wird, die für die eine Seite Despotismus und für die andere Unterwerfung bedeutet, und nach der der Despot jedes Zugeständnis nach Lust und Laune und ohne Vorankündigung zurücknehmen kann. Abgesehen davon, dass keine Freiheit viel wert ist, die an einem so seidenen Faden hängt, werden ihre Bedingungen vermutlich nicht besonders fair sein, wenn das Recht ein so üppiges Gewicht in die eine Waagschale legt und wenn es erklärt, dass der eine von den zweien, die sich einigen müssen, zu allem und der andere zu nichts berechtigt ist, es sei denn, es gefällt dem Ersteren und dieser steht obendrein unter der strengsten moralischen und religiösen Verpflichtung, auch unter exzessiver Unterdrückung nicht zu rebellieren.

Ein hartnäckiger, bis zum Äußersten getriebener Gegner könnte an dieser Stelle einwenden, dass die Ehemänner, auch ohne dazu gezwungen zu sein, durchaus willens sind, vernünftig zu sein und ihren Partnerinnen Zugeständnisse zu machen; dass das auf die Ehefrauen aber nicht zutrifft. Falls ihnen eigene Rechte zuerkannt würden, würden sie keine Rechte wessen auch immer anerkennen und in nichts nachgeben; deshalb müssten sie durch die Autorität des Mannes dazu gezwungen werden, in allem nachzugeben. Vor einigen Generationen würden wohl viele noch so argumentiert haben – zu einer Zeit, als Satiren auf Frauen an der Tagesordnung waren, und Männer es für geistreich hielten, über Frauen herzuziehen, weil sie das waren, zu dem sie die Männer gemacht hatten. Doch würde das heute keiner mehr tun, der überhaupt nur eine Antwort verdient. Es ist kein Teil der gegenwärtigen Anschauungen, dass Frauen guter Gefühle und Rücksichten gegen die, mit denen sie durch die engsten Bande verbunden sind, weniger fähig sind als Männer. Im Gegenteil, wir bekommen fortwährend zu hören, Frauen seien besser als Männer, und gerade von denen, die ganz und gar dagegen sind, Frauen so zu behandeln, als [293] wären sie gleich gut. Diese Redeweise ist mehr oder weniger zu einer nichtssagenden Floskel geworden, die keinen anderen Zweck hat als eine Beleidigung in das Gewand der Schmeichelei zu kleiden – ähnlich den feierlichen Akten königlicher Gnade, die, wie Gulliver erzählt, der König der Liliputaner seinen blutigsten Dekreten vorangehen ließ. Wenn Frauen in irgendetwas besser sind als Männer, dann in den persönlichen Opfern, die sie ihrer Familie bringen. Ich lege darauf jedoch wenig Gewicht, solange man ihnen predigt, dass sie zur Aufopferung geboren und bestimmt seien. Ich bin überzeugt, dass die Gleichberechtigung die übertriebene Selbstverleugnung, die gegenwärtig das künstliche Ideal des fraulichen Charakters ist, zurechtrücken würde. Eine gute Frau würde nicht von sich mehr als ein guter Mann opfern. Auf der anderen Seite würden Männer selbstverleugnender und weniger selbstsüchtig sein und mehr von sich opfern als gegenwärtig, da man sie nicht länger lehrte, ihren eigenen Willen als etwas so Großartiges zu verehren, dass er für ein anderes vernünftiges Wesen Gesetz sein sollte. Nichts lernen die Männer schneller als Selbstvergötterung. Alle privilegierten Individuen und Klassen kennen sie. Je tiefer wir die Stufenleiter der Menschheit hinabsteigen, desto intensiver wird sie, und am intensivsten bei denen, die über niemandem stehen und auch nicht erwarten dürfen, jemals über irgendjemandem zu stehen als über Frau und Kind. Die ehrenvollen Ausnahmen sind in diesem Fall geringer an Zahl als bei anderen menschlichen Schwächen. Philosophie und Religion sind, anstatt sie zu bekämpfen, überwiegend dazu verleitet worden, sie zu verteidigen; und nichts hält diese Schwäche in Schranken als eine Praxis der Gleichheit aller Menschen, die der Theorie des Christentums entspricht, die das Christentum in der Praxis aber solange verleugnet, als es Institutionen unterstützt, die sich auf die willkürliche Bevorzugung eines Menschen vor einem anderen gründen.

Zweifellos gibt es nicht nur Männer, sondern auch Frauen, die mit Gleichstellung nicht zufrieden sind und die keinen Frieden geben, solange ein anderer Wunsch oder Wille als ihr eigener berücksichtigt wird. Für solche Menschen ist das Scheidungsrecht zuständig. Sie sind nur für das Alleinleben geeignet, und niemand sollte gezwungen sein, sein Leben mit ihrem zu teilen. Doch trägt die rechtliche Abhängigkeit ihrerseits dazu bei, dass sich solche Charaktere unter den Frauen eher häufiger als seltener finden. Nutzt der Mann seine volle Macht aus, wird die Frau niedergehalten; behandelt er sie mit Nachsicht und lässt zu, dass sie sich selbst diese Macht aneignet, gibt es keine Regel, die ihren Übergriffen Einhalt gebietet. Das Recht, das ihre Rechte unbestimmt lässt und ihr theoretisch gar keine zuerkennt, hat die praktische Konsequenz, dass das Maß dessen, auf das sie ein Recht hat, alles ist, was sie kriegen kann.

Die Gleichheit der Eheleute vor dem Gesetz ist nicht nur die einzige Art, die eheliche Beziehung mit der Gerechtigkeit in Übereinstimmung zu bringen und das Glück beider zu befördern, sondern auch das einzige Mittel, das tägliche Leben der Menschheit im höheren Sinne des Wortes zu einer Schule moralischer Kultivierung zu machen. Mag die Wahrheit auch noch Generationen nach uns nicht eingesehen und nicht allgemein anerkannt werden – die einzige Schule einer echten moralischen Gesinnung besteht im Kontakt zwischen Gleichgestellten. Die moralische Erziehung [294] der Menschheit ging bis vor kurzem hauptsächlich aus der Herrschaft der Gewalt hervor und war beinahe ausschließlich auf Gewaltbeziehungen zugeschnitten. Auf den niedrigsten Stufen der Gesellschaft haben die Menschen große Schwierigkeiten, Beziehungen zu Gleichstehenden anzuerkennen. Ein Gleichstehender ist so viel wie ein Feind. Vom höchsten bis zum niedrigsten Rang ist die Gesellschaft eine lange Kette, oder besser: eine lange Leiter, auf der jeder entweder über oder unter seinem nächsten Nachbarn steht und, falls er nicht selbst befiehlt, gehorchen muss. Die geltenden Moralsysteme passen dementsprechend am besten auf die Beziehungen zwischen

Befehlenden und Gehorchenden. Befehlen und Gehorchen sind jedoch eher unglückliche Notwendigkeiten des menschlichen Lebens: Gleichheit ist der Normalzustand. Bereits gegenwärtig und je weiter das moderne Leben in der Vervollkommnung fortschreitet, werden Befehlen und Gehorchen mehr und mehr zur Ausnahme – die Regel ist die vertragliche Bindung zwischen Gleichgestellten. Die Moral der frühesten Zeitalter beruhte auf der Verpflichtung, sich der Gewalt zu unterwerfen, das der folgenden Zeitalter auf dem Recht der Schwachen auf Nachsicht und Schutz. Wie lange muss sich eine Entwicklungsstufe der Gesellschaft und des Lebens mit der Moral früherer Zeitalter abfinden? Wir hatten die Moral der Hörigkeit und die Moral der Ritterlichkeit und Großmut: Jetzt ist es Zeit für eine Moral der Gerechtigkeit. So oft in früheren Zeitaltern ein Schritt in Richtung gesellschaftliche Gleichheit getan worden ist, hat die Gerechtigkeit ihren Anspruch geltend gemacht, Grundlage der Tugend zu sein. So war es in den freien Republiken der Antike. Aber selbst in den besten unter ihnen beschränkte sich die Gleichheit auf die freien männlichen Bürger. Sklaven, Frauen und Unfreie standen unter dem Gesetz der Gewalt. Erst der vereinte Einfluss der römischen Zivilisation und des Christentums löste diesen Unterschied auf und verkündete in der Theorie (wenn auch nur teilweise in der Praxis) den Vorrang der Rechte jedes Menschen als solchen vor den Rechten aus Geschlecht, Klasse und gesellschaftlicher Stellung. Die Schranken, die bereits halb gefallen waren, wurden dann durch die Eroberungen der Völkerwanderungszeit neu errichtet, und seitdem ist die ganze neuere Geschichte ein langsam voranschreitender Prozess ihrer erneuten Auflösung. Wir treten jetzt in eine Ordnung der Dinge ein, in dem die Gerechtigkeit erneut die oberste Tugend sein wird; nicht nur wie früher auf der Grundlage gleicher, sondern jetzt auch von wechselseitiger Sympathie getragener vertraglicher Bindungen, verwurzelt nicht mehr nur in dem instinktiven Interesse Gleicher an Selbstschutz, sondern in einer durch Kultivierung beförderten wechselseitigen Sympathie, die niemanden ausschließt, sondern alle in gleichem Maße einbezieht. Es ist nichts Neues, dass die Menschheit die sich in ihr vollziehenden Veränderungen nur undeutlich vorhersieht und dass ihre Ansichten eher zu den vergangenen als den kommenden Zeitaltern passen. Es war immer das Privileg der intellektuellen Elite bzw. derer, die von ihnen gelernt haben, die Zukunftsdimension unserer Gattung zum Thema zu machen. Einer noch kleineren Elite war es vorbehalten, die Ansichten der Zukunft vorwegzunehmen und dafür häufig zum Märtyrer zu werden. Institutionen, Bücher, Erziehung, Gesellschaft: Sie alle bereiten die Menschen weiterhin auf das Alte vor, selbst wenn das Neue schon da ist, und besonders dann, wenn es gerade erst heraufdämmert. Doch besteht die wahre Tugend der Menschen darin, es zu verstehen, als Gleiche miteinander zu leben und für sich selbst nichts zu verlangen, was sie nicht auch jedem anderen zugestehen; Befehle und Kommandos als notgedrungene und stets nur vorübergehende Ausnahme zu sehen; und die Gesellschaft derer zu suchen, die sich im Führen und Folgen abwechseln. Nichts in den heutigen Lebensformen ist dazu angetan, diese Tugenden durch Übung zu kultivieren. Die Familie ist eine Schule des [295] Despotismus. In ihr finden alle Tugenden, aber auch alle Untugenden des Despotismus reichliche Nahrung. Das Bürgertum ist in freien Staaten zumindest teilweise eine Schule der Gleichheit; dabei hat allerdings das Bürgertum im modernen Leben keine große Bedeutung und berührt weder das Alltagshandeln noch das innere Empfinden sonderlich. Die Familie, richtig geregelt, wäre eine echte Schule aller Freiheitstugenden sowie aller anderen Tugenden. Die Familie wird für die Kinder stets eine Schule des Gehorsams bleiben, für Eltern eine Schule der Führung. Doch muss sie darüber hinaus eine Schule der Sympathie in Gleichheit werden, des Zusammenlebens in Liebe, ohne die Einseitigkeit von Herrschaft auf der einen und Gehorsam auf der anderen Seite. Zumindest das Verhältnis der Eltern zueinander sollte diesem Muster folgen. Auf diese Weise würde sie zu einer Übung in den Tugenden, deren jeder der beiden in Hinsicht auf alle anderen gesellschaftlichen Beziehungen bedarf, und zu einem Modell, an dem die Kinder auf der Grundlage einer zeitweilig auf Gehorsam gegründeten Übung Einstellungen und Verhaltensweisen lernen, die ihnen zur Gewohnheit und zur zweiten Natur würden. Die moralische Erziehung der Menschheit wird nur dann zu den Lebensverhältnissen passen, auf die alle anderen menschlichen Fortschritte eine Vorbereitung sind, wenn für die Familie dieselben moralischen Grundsätze gelten wie für die normale Verfassung der menschlichen Gesellschaft insgesamt. Das Freiheitsbewusstsein eines Mannes, der mit denen, die mit ihm am engsten verbunden sind, im Verhältnis eines absoluten Herrschers steht, ist nicht die echte oder christliche Freiheitsliebe, sondern allenfalls die der Antike und des Mittelalters – ein starkes Gefühl der eigenen Würde und Wichtigkeit, das ihn jeden Versuch, ihn unters Joch zu beugen, verächtlich zurückweisen lässt, während er, sofern es seiner Ehre oder seinen Interessen dient, mehr als bereit ist, das Joch anderen aufzuerlegen.

Ich gebe bereitwillig zu (und gründe sogar meine Hoffnungen darauf), dass selbst im gegenwärtigen Rechtszustand viele Eheleute (in den höheren Klassen Englands wahrscheinlich die große Mehrheit) im Geist gerechter Gleichheit leben. Die Gesetze würden sich niemals verbessern lassen, wenn es nicht Menschen gäbe, deren moralische Überzeugungen besser sind als das geltende Recht. Diese Menschen sollten die hier vertretenen Grundsätze unterstützen, denn diese haben keinen anderen Zweck, als alle anderen Ehepaare ihnen gleich zu machen. Doch selbst Menschen von einigem moralischen Wert neigen dazu, anzunehmen (sofern sie nicht zugleich auch Denker sind), dass Gesetze und Verfahrensweisen, deren üble Seiten sie nicht aus persönlicher Erfahrung kennen, nicht nur keine Übel sind, sondern, solange sie anscheinend auf allgemeine Billigung stoßen, wahrscheinlich Gutes stiften, und es von daher falsch wäre, sie abzulehnen. Diese Ehepaare irren sich jedoch, wenn sie meinen, dass deshalb, weil ihnen kaum alle Jahre einmal die rechtlichen Grundlagen ihrer Ehe in den Sinn kommen und weil sie in jeder Hinsicht so fühlen und leben, als ob sie rechtlich gleichgestellt wären, es bei allen anderen Ehepaaren – es sei denn, der Mann ist ein notorischer Grobian – genauso sein müsse. Diese Annahme würde von grober Unkenntnis der menschlichen Natur und der tatsächlichen Verhältnisse zeugen. Je weniger ein Mensch für Machtpositionen geeignet ist – je weniger wahrscheinlich es ist, dass die Macht, die er über einen anderen ausübt, ihm von diesem freiwillig eingeräumt worden ist –, desto mehr wird er sich in der ihm vom Gesetz zugesprochenen Macht gefallen, desto mehr wird er auf seinen gesetzlichen Rechten bis zum Äußersten bestehen, das die Üblichkeiten zulassen (die Üblichkeiten unter seinesgleichen), und desto mehr wird er es ihm gefallen, von seiner [296] Macht Gebrauch zu machen, nur um das angenehme Gefühl ihres Besitzes zu genießen. Noch mehr: Bei dem von Natur aus rohesten und moralisch unerzogensten Teil der unteren Klassen hat die gesetzliche Versklavung der Ehefrau und ihre physische Unterwerfung unter den Willen des Mannes zur Folge, dass sie gegenüber ihren Frauen eine Art Geringschätzung und Verachtung fühlen, die sie gegenüber keiner anderen Frau fühlen (und gegenüber keinem andern Menschen, mit dem sie in Kontakt kommen), und die sie ihnen als geeignetes Objekt jeder Art von unwürdigem Verhalten erscheinen lässt. Ein Beobachter von Gefühlsäußerungen, der die dazu erforderliche Gelegenheit hat, möge sich durch eigene Anschauung überzeugen, ob es sich so verhält. Und wenn er es bestätigt findet, soll er sich nicht wundern über das Maß an Abscheu und Empörung, das Institutionen einflößen, die mehr oder weniger zwangsläufig einen derart verkommenen Zustand menschlichen Fühlens zur Folge haben.

Man wird uns vielleicht entgegenhalten, dass auch die Religion die Pflicht zum Gehorsam verlangt – wie uns ja jede gesellschaftliche Gewohnheit, die zu schlecht ist, um eine andere Verteidigung zuzulassen, als Gebot der Religion hingestellt wird. Es stimmt: Die Kirche gebietet Gehorsam in ihren Katechismen. Allerdings fällt es schwer, ein solches Gebot aus dem Christentum selbst herzuleiten. Man entgegnet uns, Paulus habe gesagt: »Weiber, seid gehorsam euren Ehemännern«. Aber er hat auch gesagt: »Ihr Sklaven, seid gehorsam euren Herren.« Es ist Paulus nicht darum gegangen, irgendjemanden zur Rebellion gegen bestehende Gesetze aufzustacheln. Das hätte nicht zu seinem Ziel, der Verbreitung des Christentums, gepasst. Wenn der Apostel die gesellschaftlichen Institutionen so annahm, wie er sie vorfand, darf dies nicht als eine Missbilligung aller Versuche konstruiert werden, sie zu gegebener Zeit zu verbessern, ebenso wenig wie seine Erklärung »Die bestehenden Mächte sind von Gott eingesetzt« als Festschreibung des militärischen Despotismus als alleiniger christlicher Regierungsform und als Forderung nach Gehorsam ihm gegenüber. Zu behaupten, das Christentum sei dazu gedacht gewesen, bestehende Formen der Regierung und der Gesellschaft zu stereotypisieren und vor Wandel zu schützen, heißt, es auf die Stufe des Islam oder des Hinduismus herunterzustufen. Eben deshalb, weil dies das Christentum nicht getan hat, ist es die Religion des fortschrittlichen Teils der Menschheit und der Islam, der Hinduismus usw. die der stationären oder besser (weil es so etwas wie eine stationäre Gesellschaft eigentlich nicht gibt) des rückschrittlichen. In der Geschichte des Christentums hat es etliche Epochen gegeben, die versucht haben, aus ihm etwas Ähnliches zu machen und uns zu einer Art christlichen Islam, mit der Bibel als Koran, zu bekehren und jeden Fortschritt zu verbieten. Groß war ihre Macht, und viele mussten für den Widerstand dagegen ihr Leben hingeben. Doch ist diesen Versuchen widerstanden worden, und dieser Widerstand hat uns zu dem gemacht, was wir sind, und wird uns zu dem machen, was wir sein sollen.

Nach dem, was über die Verpflichtung zum Gehorsam

gesagt worden ist, erübrigt es sich eigentlich, etwas über einen speziellen Punkt zu sagen, der in dem [297] allgemeineren Punkt enthalten ist, also über das Recht der Frau auf eigenes Eigentum. Ich kann nicht hoffen, dass diese Ausführungen irgendjemanden beeindrucken, der nicht bereits davon überzeugt ist, dass das ererbte und das erworbene Vermögen einer Frau ihr nach der Heirat ebenso gehören sollte wie vorher. Die Regel ist einfach: Was der Ehefrau oder dem Ehemann gehören würde, wenn sie nicht verheiratet wären, sollte auch in der Ehe ihrer ausschließlichen Verfügung unterstehen – was nicht ausschließt, Vermögensanteile zur Sicherung der Kinder vertraglich festzulegen. Manche finden die Vorstellung schockierend, dass Eheleute in Geldangelegenheiten getrennte Interessen haben könnten. Sie erscheint ihnen unvereinbar mit dem Ideal der Vereinigung zweier Leben zu einem einzigen. Ich für meinen Teil bin entschiedener Verteidiger der Gütergemeinschaft, vorausgesetzt, diese ist das Resultat einer vollständigen gefühlsmäßigen Übereinstimmung, die alle Dinge zu gemeinsamen macht. Ich kann jedoch einer Gütergemeinschaft nichts abgewinnen, die auf dem Satz beruht: »Was dein ist, ist mein, aber was mein ist, ist nicht dein«. Und ich würde es ablehnen, eine solche Gemeinschaft mit irgendjemandem einzugehen, auch wenn ich die Partei sein sollte, die davon profitiert.

Dieser besonderen Ungerechtigkeit und Benachteiligung der Frauen, die auch dem allergewöhnlichsten Beobachter in die Augen fällt, lässt sich abhelfen, ohne an den anderen Missbräuchen zu rütteln, und hier wird auch ohne Zweifel als Erstes Abhilfe geschaffen werden. In vielen neuen und mehreren alten Staaten der Amerikanischen

Konföderation finden sich in den geschriebenen Verfassungen bereits jetzt Bestimmungen, die den Frauen in dieser Hinsicht gleiche Rechte sichern und dadurch die Position zumindest derjenigen Ehefrauen, die über Eigentum verfügen, materiell verbessern. Sie lassen ihnen damit zumindest *ein* Machtmittel, das ihnen mit der Eheschließung nicht genommen wird, und verhindern zugleich den skandalösen Missbrauch der Institution der Ehe durch Männer, die Mädchen dazu verführen, ihn ohne Ehevertrag nur deshalb zu heiraten, um an ihr Geld zu kommen. Falls der Unterhalt der Familie nicht aus Vermögen, sondern aus Erwerbseinkommen bestritten wird, scheint mir das übliche Arrangement, dass der Ehemann das Einkommen verdient und die Ehefrau die häuslichen Ausgaben überwacht, im Allgemeinen die angemessenste Form der Arbeitsteilung zu sein. Falls die Frau über die physischen Belastungen des Kindergebärens und die Verantwortung für ihre Pflege und Erziehung in den ersten Jahren hinaus noch die sorgfältige und sparsame Verausgabung des Einkommens des Mannes für die allgemeine Versorgung der Familie übernimmt, entfällt auf sie gewöhnlich nicht nur ein gleicher, sondern ein größerer Anteil des für die gemeinsame Lebensform erforderlichen körperlichen und geistigen Aufwands. Übernimmt sie noch weitere Pflichten, entlastet sie das nur selten von diesen Aufgaben, sondern hindert sie eher daran, ihnen gerecht zu werden. Die Versorgung des [298] Haushalts und der Kinder, die sie selbst nicht leistet, nimmt ihr keiner ab. Die Kinder, die nicht sterben, wachsen auf, so gut sie können, und der Haushalt wird aller Wahrscheinlichkeit nach so schlecht geführt, dass in ökonomischer Hinsicht bereits dadurch ein großer Teil des Einkommens der

Frau aufgezehrt wird. In einem gerechten Zustand der Gesellschaft scheint es mir daher keine wünschenswerte Regel, dass die Frau durch Arbeit zum Familieneinkommen beiträgt. In einem ungerechten Zustand mag so etwas für sie vorteilhaft sein, indem es ihr in den Augen des Mannes, der von Rechts wegen ihr Herr ist, einen höheren Wert verleiht. Allerdings ermöglicht es ihm auch, seine Macht noch stärker zu missbrauchen, indem er sie zu arbeiten zwingt und ihr damit den Unterhalt der Familie überlässt, während er die meiste Zeit mit Trinken und Müßiggang verbringt. Die Fähigkeit, ihren Lebensunterhalt selbst zu verdienen, macht, solange sie kein unabhängiges Vermögen hat, eine wesentliche Bedingung der Würde einer Frau aus. Doch angenommen, dass die Ehe ein Vertrag zwischen Gleichgestellten, ohne Verpflichtung zum Gehorsam wäre; wenn sie für die, die unter ihr leiden, keine gesetzlich erzwingbare Unterdrückung mehr bedeuten würde, sondern jede Frau, die moralisch dazu berechtigt ist, eine Trennung nach fairen Bedingungen (ich spreche nicht von Scheidung) erwirken könnte; und wenn ihr alle ehrbaren Beschäftigungen in derselben Weise wie den Männern offenständen – dann wäre es zu ihrem Schutz nicht nötig, dass sie von ihren Fähigkeiten während der Ehe diesen besonderen Gebrauch macht. Wie man von einem Mann erwartet, dass er sich einen bestimmten Beruf wählt, sollte man auch von einer Frau erwarten, dass sie bei der Heirat für so viele Jahre ihres Lebens, wie dazu nötig sind, die Führung des Haushalts und die Aufzucht der Familie als ihre erste Pflicht wählt und sie zwar nicht auf alle anderen Ziele und Beschäftigungen verzichtet, aber doch auf die, die mit diesen Anforderungen nicht in Einklang zu bringen sind. Danach wäre die gewohnheitsmäßige und systematische Ausübung einer Tätigkeit außerhalb des Hauses für die Mehrheit der verheirateten Frauen praktisch ausgeschlossen. Allerdings sollte bei der Auslegung der allgemeinen Regeln größtmöglicher Spielraum für individuelle Besonderheiten gelassen werden, und nichts sollte verhindern, dass außergewöhnlichen Befähigungen auch in der Ehe Gelegenheit gegeben wird, ihrer Berufung zu folgen, soweit Vorkehrungen gegen die möglicherweise unvermeidlichen Einbußen bei den Familienpflichten getroffen werden. Doch kann alles dies, wenn die Ansichten über die Ehe einmal zurechtgerückt sind, der guten Sitte überlassen bleiben und braucht nicht eigens rechtlich geregelt zu werden.

Drittes Kapitel

[299] In Bezug auf den anderen Punkt, die von der Gerechtigkeit geforderte Zulassung der Frauen zu allen Funktionen und Beschäftigungen, die bisher das Monopol des stärkeren Geschlechts waren, sehe ich keine Schwierigkeit, jeden Einzelnen zu überzeugen, der in der Sache der Gleichstellung bisher mit mir mitgegangen ist. Meiner Meinung nach hielt man an ihrer Benachteiligung außerhalb der Familie nur deshalb fest, um ihre häusliche Unterordnung aufrechtzuerhalten. Die Mehrheit des männlichen Geschlechts scheint die Vorstellung, mit einer gleichgestellten Partnerin zusammenzuleben, noch nicht ertragen zu können. Doch davon abgesehen bin ich der Meinung, dass nahezu jeder bei dem gegenwärtigen Diskussionsstand in Politik und politischer Ökonomie es für ungerecht halten muss, die Hälfte der Menschheit von der größeren Zahl lukrativer Beschäftigungen und von nahezu allen höheren gesellschaftlichen Funktionen auszuschließen. Man kann nicht ernstlich annehmen, dass die Frauen allein aufgrund der Geburt zu Beschäftigungen unfähig sind, die von Gesetzes wegen den Dümmsten und Verkommensten des anderen Geschlechts offenstehen, oder dass sie, wie immer sie sich für diese Beschäftigungen eignen, diese ihnen dennoch verschlossen bleiben müssen, um die Privilegien der Männer zu erhalten. Wann immer in den letzten zwei Jahrhunderten (was selten der Fall war) zur Rechtfertigung der Benachteiligung der Frauen Gründe – und nicht nur der Verweis auf die Tatsachen – für nötig gehalten wurden, wurde nur selten auf ihre etwaigen geringeren geistigen Fähigkeiten verwiesen. Niemand glaubte an eine

Minderbegabung der Frauen, vor allem nicht in Zeiten gemeinschaftlicher Anstrengungen, bei denen es auf die persönlichen Fähigkeiten aller ankam und von denen die Frauen nicht ausgeschlossen waren. Der Grund, den man in jenen Tagen für die Benachteiligung der Frauen angab, war nicht ihre mindere Begabung, sondern das gesellschaftliche Interesse – und damit war nichts anderes gemeint als das Interesse der Männer. Ebenso galt ja auch die Staatsraison, d. h. die Nützlichkeit für die Regierung und die Aufrechterhaltung ihrer Autorität als hinreichende Erklärung und Entschuldigung für die schlimmsten Verbrechen. Heutzutage bedient sich die Macht einer weniger grobschlächtigen Ausdrucksweise und tut so, als handle sie gegenüber allen, die sie unterdrückt, zu deren eigenem Besten. Wenn etwas für Frauen verboten ist, fühlt man sich genötigt zu sagen (und hält es für wünschenswert zu glauben), dass sie dazu nicht fähig seien und dass sie, wenn sie danach streben würden, sich dadurch vom Weg zu Erfolg und Glück entfernen würden. Um diese Begründung plausibel (ich sage nicht: gültig) zu machen, müssen ihre Vertreter allerdings bereit sein, sehr viel mehr zu behaupten, als irgendjemand gegenwärtig zu behaupten wagen würde. Es reicht nicht zu behaupten, dass Frauen im Durchschnitt mit bestimmten höheren geistigen Fähigkeiten weniger ausgestattet sind als der Durchschnitt der Männer, oder dass weniger Frauen als Männer für Beschäftigungen und Aufgaben höchster intellektueller Ansprüche geeignet sind. Man müsste mehr [300] behaupten, nämlich dass keine Frau dafür geeignet ist und dass die herausragendsten Frauen dem mittelmäßigsten Mann an geistigen Fähigkeiten unterlegen sind, dem diese Aufgaben gegenwärtig übertragen werden.

Wenn über die Besetzung eines Amts entweder nach Wettbewerb oder nach einer anderen dem öffentlichen Interesse entsprechenden Regel entschieden wird, ist nicht zu befürchten, dass wichtige Ämter Frauen zufallen, die durchschnittlichen Männern bzw. dem Durchschnitt ihrer männlichen Mitbewerber unterlegen sind. Das Resultat wäre lediglich, dass weniger Frauen als Männer in solchen Ämtern anzutreffen sind – ein Resultat, das ohnehin zu erwarten ist, schon aufgrund der Wahrscheinlichkeit, dass die Mehrheit der Frauen diejenigen Aufgaben bevorzugt, bei denen sie mit niemandem konkurrieren. Auch wer eine wie immer geringe Meinung von den Frauen hat, wird, wenn er die Erfahrung der letzten Zeit mit der früherer Zeitalter kombiniert, nicht leugnen wollen, dass sich Frauen insgesamt – nicht nur einige wenige – als zu allem fähig erwiesen haben, zu dem Männer fähig sind, und zwar mit demselben Erfolg und derselben Anerkennungswürdigkeit. Es lässt sich allenfalls sagen, dass es viele Dinge gibt, in denen sie es nicht zu derselben Vollkommenheit gebracht haben wie einige Männer, oder dass es viele gibt, in denen sie nicht den höchsten Rang erreicht haben. In den meisten Dingen, die ausschließlich von geistigen Fähigkeiten abhängen, haben sie zumindest den zweithöchsten Rang erreicht. Ist das nicht genug und mehr als genug, um dies Verhalten zu einer Tyrannei gegen die Frauen und zu einer Schädigung der Gesellschaft zu machen, ihnen nicht zu erlauben, sich ebenso wie die Männer um solche Aufgaben zu bewerben? Ist es nicht eine Binsenwahrheit, dass diese Aufgaben häufig Männern übertragen werden, die für diese weit weniger befähigt sind als zahlreiche Frauen und die bei einem fairen Wettbewerb von Frauen geschlagen würden? Was für einen Unterschied macht es, dass es irgendwo Männer geben mag, die für die betreffenden Tätigkeiten besser qualifiziert wären als diese Frauen, aber mit anderen Dingen beschäftigt sind? Passiert das nicht bei allen Wettbewerben? Haben wir einen solchen Überfluss an Menschen, die sich für höhere Aufgaben eignen, dass die Gesellschaft die Dienste einer kompetenten Person abweisen darf? Sind wir sicher, für jeden vakant werdenden Platz stets den richtigen Mann zu finden, so dass wir keinen Nachteil erleiden, wenn wir die Hälfte der Menschheit mit einem Bann belegen und es von vornherein ablehnen, uns ihrer Fähigkeiten, so hervorragend sie auch sein mögen, zu bedienen? Und selbst wenn wir ohne sie auskommen könnten: Ist es mit der Gerechtigkeit vereinbar, den Frauen den ihnen gebührenden Anteil an Ehre und Auszeichnung vorzuenthalten oder ihnen das für alle Menschen gleichermaßen geltende moralische Recht streitig zu machen, ihre Beschäftigung nach eigenen Neigungen zu wählen, auf eigene Gefahr und soweit andere dadurch keinen Schaden erleiden? Die Ungerechtigkeit erstreckt sich aber nicht nur auf die Frauen allein, sondern auf alle, die aus ihren Diensten einen Nutzen ziehen könnten. Zu bestimmen, dass jemand nicht Arzt, Anwalt oder Parlamentsmitglied sein darf, bedeutet nicht nur, ihm selbst einen Schaden anzutun, sondern auch, dass die, die Ärzte oder Anwälte brauchen und Parlamentsmitglieder wählen, auf die größere Auswahl an Bewerbern und den stimulierenden Effekt der Konkurrenz auf die Leistungsbereitschaft verzichten müssen.

Es wird vielleicht genügen, wenn ich mich mit den Einzelheiten meiner Argumentation [301] auf den politischen

Bereich beschränke. Gelingt mir der Nachweis in diesem Punkt, wird man mir leicht zugeben, dass Frauen auch zu allen anderen Beschäftigungen zugelassen werden sollten, bei denen es wichtig ist, ob man sie zulässt oder nicht. Lassen Sie mich beginnen mit einer Funktion, die sich von allen anderen deutlich unterscheidet und bei der Frage, ob Frauen auf sie ein Recht haben, von der Frage ihrer Fähigkeiten gänzlich unabhängig ist. Ich meine das Stimmrecht, und zwar sowohl für das Parlament wie für die Stadträte. Das Recht, sich an der Wahl von Personen zu beteiligen, denen ein öffentliches Amt übertragen wird, ist gänzlich verschieden von dem, sich selbst um ein solches Amt zu bewerben. Könnte niemand für ein Parlamentsmitglied stimmen, der nicht selbst die Bedingungen für die Kandidatur erfüllt, wäre die Regierungsform die einer eng beschränkten Oligarchie. Eine Stimme bei der Wahl derer zu haben, von denen man regiert wird, ist ein Mittel des Selbstschutzes, das jedem zusteht, auch dem, der von der Teilnahme an der Regierung ausgeschlossen bleibt. Und dass es unzweifelhaft ist, dass Frauen zu einer solchen Wahl fähig sind, lässt sich daraus folgern, dass ihnen schon jetzt dieses Recht in dem für sie allerwichtigsten Fall zugestanden wird, nämlich bei der Wahl des Mannes, der lebenslang über sie herrschen soll, und bei der sie, wie man gemeinhin unterstellt, diese Wahl in eigener Person und in völliger Freiheit treffen. Bei der Wahl zu öffentlichen Ämtern ist es Sache der Verfassung, das Wahlrecht mit allen nötigen Sicherungen und Begrenzungen zu versehen; doch die, die im Fall des männlichen Geschlechts hinreichend sind, werden es auch im Fall des weiblichen sein. Es gibt nicht den Schatten eines Grundes dafür, Frauen nicht unter denselben Bedingungen und innerhalb derselben Grenzen zur Stimmabgabe zuzulassen wie Männer. Die Mehrheit der Frauen einer Klasse wird sich wahrscheinlich in ihren politischen Ansichten von denen der Mehrheit der Männer derselben Klasse nicht unterscheiden, es sei denn in Fragen, die die Interessen der Frauen als solche betreffen; und falls das so ist, brauchen Frauen das Wahlrecht als Garantie einer gerechten und gleichen Berücksichtigung ihrer Interessen. Das sollte selbst denen einleuchten, die mit keinem anderen Punkt, für den ich eintrete, konform gehen. Selbst wenn alle Frauen Ehefrauen wären und alle Ehefrauen Sklavinnen sein sollten: Um wie viel mehr bedürften diese Sklavinnen des rechtlichen Schutzes. Und wir wissen, welchen rechtlichen Schutz Sklaven genießen, wenn ihre Herren die Gesetze machen.

In Bezug auf die Fähigkeit der Frauen, nicht nur an Wahlen teilzunehmen, sondern selbst Ämter zu bekleiden und Berufe mit wichtigen öffentlichen Verantwortlichkeiten auszuüben, habe ich bereits bemerkt, dass dies für die hier verhandelte Frage nicht wesentlich ist. Jede Frau, die in einem für alle offenen Beruf etwas leistet, beweist damit, dass sie für diesen Beruf qualifiziert ist. Und für öffentliche Ämter gilt, dass wenn das politische System des Landes ungeeignete Männer ausschließt, es auch ungeeignete Frauen ausschließen wird, und wenn nicht, kein zusätzlicher Schaden dadurch entsteht, dass die ungeeignete Person, die es zulässt, eine Frau oder ein Mann ist. Solange man also zugesteht, dass auch nur einige Frauen für diese Ämter geeignet sind, lassen sich die Gesetze, die in diesen Ausnahmefällen den Zugang versperren, durch keine wie immer geartete Ansicht über die Fähigkeiten von Frauen im Allgemeinen rechtfertigen. Doch selbst dann, wenn diese letzte Überlegung nicht wesentlich ist, ist sie keineswegs ohne Belang. Vorbehaltlos gewürdigt, verstärkt sie die Argumente gegen die [302] Benachteiligung der Frauen und ergänzt sie durch Gesichtspunkte der praktischen Nützlichkeit.

Sehen wir zunächst von allen psychologischen Gesichtspunkten ab, die nahelegen, dass die Unterschiede in Denken und Fühlen, die angeblich zwischen Frauen und Männern bestehen, der natürliche Effekt ihrer unterschiedlichen Erziehung und Lebensumstände und kein Hinweis auf einen radikalen Unterschied ihrer Natur sind, geschweige denn auf eine natürliche Unterlegenheit der Frauen. Betrachten wir die Frauen einfach so, wie sie jetzt sind oder wie man sie bis jetzt gekannt hat, sowie die Fähigkeiten, die sie in der Praxis bewiesen haben. Das, was sie geleistet haben, beweist für sich genommen bereits, was sie leisten können. Wenn wir bedenken, wie konsequent ihre Erziehung sie von allen Beschäftigungen und Aufgaben, die den Männern vorbehalten bleiben, fernhält, statt sie darauf vorzubereiten, dann ist es deutlich, dass ich eine wirklich sehr vorsichtige Begründung anführe, wenn ich mich lediglich darauf berufe, was sie wirklich geleistet haben. Denn in diesem Fall sagt ein negativer Beweis sehr wenig, während jeder positive Beweis die Sache entscheidet. Aus der Tatsache, dass bis jetzt noch keine Frau Werke geschaffen hat, die mit denen eines Homer, eines Aristoteles, eines Michelangelo oder eines Beethoven im Rang vergleichbar sind, lässt sich nicht folgern, dass Frauen dazu prinzipiell nicht imstande sind. Dieses negative Faktum lässt die Frage allenfalls unentschieden und macht sie zu einem Gegenstand der Psychologie. Dagegen ist sicher, dass eine Frau eine Königin Elisabeth, eine Deborah oder eine Jeanne d'Arc sein kann, denn das sind keine Hypothesen, sondern Tatsachen. Merkwürdigerweise schließen die geltenden Gesetze die Frauen genau von denjenigen Beschäftigungen aus, von denen sie bewiesen haben, dass sie zu ihnen fähig sind. Kein Gesetz verbietet einer Frau, die Stücke Shakespeares zu schreiben oder die Opern Mozarts zu komponieren. Doch hätten Königin Elisabeth oder Königin Victoria den Thron nicht geerbt, hätte man ihnen nicht den kleinsten Teil ihrer politischen Ämter anvertraut, in denen sich die Erstere den bedeutendsten Staatsmännern als ebenbürtig erwiesen hat.

Soweit überhaupt etwas ohne nähere psychologische Analyse aus der Erfahrung gefolgert werden kann, dann, dass genau das, was man den Frauen nicht erlaubt, das ist, wozu sie am ehesten befähigt sind. Die Fähigkeit, ein Land zu regieren, haben sie bei den wenigen Gelegenheiten, die ihnen dazu geboten wurden, glänzend bewiesen, während sich in den Bereichen, die ihnen anscheinend immer offenstanden, keine in besonderer Weise ausgezeichnet hat. Wir wissen, wie wenige Königinnen verglichen mit Königen die Geschichte aufzuweisen hat. Von diesen wenigen hat ein vergleichsweise größerer Teil Talent für die Regierung gezeigt, obwohl viele von ihnen den Thron in sehr schwierigen Zeiten bestiegen haben. Auffällig ist außerdem, dass sie sich, wofür es viele Beispiele gibt, durch Vorzüge ausgezeichnet haben, die der herkömmlichen Vorstellung vom weiblichen Charakter diametral entgegengesetzt sind: Willenskraft, Festigkeit und Intelligenz. Fügt man den Königinnen und Kaiserinnen noch die Regentinnen und Statthalterinnen von Provinzen hinzu, dehnt sich die Liste der [303] Frauen, die sich als hervorragende Herrscherinnen bewiesen haben, zu einer beträchtlichen Länge aus.* Diese Tatsache ist in der Tat so unleugbar, dass jemand vor langer Zeit versucht hat, das Argument umzudrehen und aus der Wahrheit eine Beschimpfung zu machen, indem er sagte, dass Königinnen besser seien als Könige, da unter den Königen die Frauen regierten, unter den Königinnen die Männer.

Es mag wie eine Verschwendung von Geist wirken, gegen einen schlechten Scherz zu argumentieren. Doch ein solcher setzt sich häufig in den Köpfen fest, und ich habe

* Insbesondere trifft dies zu, wenn wir nicht nur Europa, sondern auch Asien berücksichtigen. Ein indisches Fürstentum, das mit Festigkeit, Wachsamkeit und Sparsamkeit regiert wird, in dem die Ordnung ohne Unterdrückung aufrechterhalten und die Bildung befördert wird und es dem Volk wirtschaftlich gut geht, steht in drei von vier Fällen unter der Regierung einer Frau. Diese Tatsache, die ich einem langen offiziellen Bericht über die indischen Regierungen entnommen habe, kam für mich gänzlich unerwartet. Es gibt zahlreiche weitere Beispiele. Obwohl nach den in Indien geltenden Regeln keine Frau regieren darf, gilt sie doch als rechtmäßige Herrscherin eines Königtums, solange der Erbfolger minderjährig ist. Das kommt häufiger vor, da das Leben männlicher Herrscher infolge von Trägheit und sinnlichen Ausschweifungen oftmals vorzeitig endet. Wenn man sich klarmacht, dass diese Regentinnen sich niemals in der Öffentlichkeit zeigen und niemals außerhalb ihrer Familie in ihrer Sprache mit einem Mann anders als hinter einem Vorhang unterhalten haben, dass sie nicht lesen können, und auch wenn sie es könnten, es in ihrer Sprache keine Bücher gibt, die ihnen auch nur die geringste politische Bildung vermitteln könnte, ist das ein durchschlagender Beweis für die natürlichen weiblichen Fähigkeiten.

den hier erwähnten von Männern gehört mit einer Miene, als dächten sie ernsthaft, es wäre etwas dran. Auf jeden Fall kann er als Ausgangspunkt unserer Diskussion dienen. Als Erstes bestreite ich, dass es wahr ist, dass unter Königen Frauen regieren. Solche Fälle sind große Ausnahmen, und schwache Könige haben ebenso oft unter dem Einfluss männlicher als unter dem Einfluss weiblicher Günstlinge schlecht regiert. Lässt sich ein König infolge eines Liebesverhältnisses von einer Frau beherrschen, ist allerdings keine gute Regierung zu erwarten, obgleich es selbst in diesem Fall Ausnahmen gibt. Die französische Geschichte kennt zwei Könige, die die Regierung über viele Jahre freiwillig in die Hände von Frauen legten, der eine in die Hände seiner Mutter, der andere in die seiner Schwester. Der eine, Karl VIII., war ein Knabe, der den Absichten seines Vaters, Ludwigs XI., genügen wollte, eines der größten Könige seiner Zeit. Der andere, Ludwig der Heilige, war der beste und einer der energischsten Herrscher in Frankreich seit Karl dem Großen. Beide Fürstinnen regierten so, wie es nur wenige der zeitgenössischen Fürsten vermochten. Kaiser Karl V., der Fürst mit der ausgeprägtesten Staatsklugheit seiner Zeit, der mehr tüchtige Männer in seinen Diensten hatte als irgendein anderer Herrscher und dem man es als Letztem zugetraut hätte, seine Interessen seinen persönlichen Gefühlen zu opfern, machte zwei Prinzessinnen seines Hauses hintereinander zu Statthalterinnen der Niederlande und ließ eine ihr ganzes Leben lang auf diesem Posten (später folgte ihnen eine dritte Prinzessin aus derselben Familie). Beide regierten mit großem Erfolg, und eine von ihnen, Margaretha von Österreich, war eine der fähigsten Politikerinnen ihrer Zeit. So viel über den ersten

Teil des Satzes. Nun [304] zum zweiten. Meint man mit dem Ausspruch, dass unter Königinnen Männer regieren, dasselbe, was man sagen will, wenn man sagt, Könige würden von Frauen beherrscht? Will man damit zu verstehen geben, Königinnen wählten zu Werkzeugen ihrer Regierung die Gefährten ihrer persönlichen Vergnügungen? Dieser Fall ist selten vorgekommen, selbst bei Fürstinnen, die in dem letzteren Punkt so wenig skrupulös waren wie Katharina II., und das sind nicht die Fälle, die als Beispiele für die Vorzüge eines männlichen Regiments taugen. Wenn es sich wirklich so verhält, dass die Verwaltung des Staates unter einer Königin in den Händen besserer Männer liegt als unter einem durchschnittlichen König, dann lässt sich das nur aus der größeren Fähigkeit der Königinnen erklären, solche Männer auszuwählen, und Frauen wären nicht nur besser für das Amt des Monarchen geeignet, sondern auch für das des Premierministers; denn die Hauptaufgabe des Premierministers besteht nicht darin, selbst zu regieren, sondern jeden Bereich der Staatsgeschäfte den dafür geeignetsten Personen anzuvertrauen. Die größere Schnelligkeit im Erkennen des Charakters eines Menschen, eine der allgemein zugestandenen Überlegenheiten der Frauen über die Männer, muss sie bei ansonsten gleicher Befähigung geschickter als die Männer bei der Auswahl von Beratern machen – der beinahe wichtigsten Aufgabe jedes mit Regierungsgeschäften Befassten. Selbst die prinzipienlose Katharina von Medici erfasste den Wert eines Kanzlers de l'Hôpital. Es ist allerdings auch wahr, dass die meisten großen Königinnen durch ihre eigene politische Begabung groß waren und genau aus diesem Grund gute Ratgeber hatten. Sie behielten die oberste Leitung der Staatsangelegenheiten für sich, und wenn sie auf gute Ratgeber hörten, bewiesen sie gerade dadurch ihre Urteilskraft in den großen Fragen der Politik.

Ist es vernünftig, anzunehmen, dass diejenigen, die für die größeren politischen Funktionen geeignet sind, unfähig für die geringeren sind? Gibt es in der Natur der Dinge einen Grund dafür, dass Frauen und Schwestern von Fürsten, sobald sie zur Regierung berufen werden, sich dieser Aufgabe ebenso gewachsen zeigen wie die Fürsten selbst, dass aber die Frauen und Schwestern von Staatsmännern, Verwaltern, Unternehmern und Direktoren öffentlicher Institutionen nicht imstande sein sollten, die Arbeit ihrer Männer und Brüder zu tun? Der Grund dafür ist einfach: Diesen Fürstinnen, deren Rang sie höher über die Allgemeinheit erhebt, als ihr Geschlecht sie herabsetzt, ist niemals beigebracht worden, dass es sich für sie nicht gehört, sich mit Politik zu beschäftigen. Vielmehr durften sie das jedem kultivierten Menschen natürliche Interesse an den großen Debatten ausleben, die um sie herum stattfanden und an denen sie möglicherweise selbst einmal beteiligt sein würden. Die Frauen regierender Familien sind die Einzigen, denen dieselben Freiheiten der Interessenrichtung und der persönlichen Entwicklung zugestanden werden wie Männern, und genau bei diesen begegnet nicht die geringste Unterlegenheit. Wo immer und wie weitgehend auch immer die Befähigung der Frauen für die Regierung auf die Probe gestellt wurde, sie erwies sich jedes Mal und in demselben Maße als adäquat.

Diese Tatsache stimmt überein mit der besten allgemeinen Hypothese, die sich aus der unvollkommenen Erfahrung der Besonderheiten und Fähigkeiten der Frauen, wie sie bis jetzt gewesen sind, ableiten lässt. Ich sage nicht: wie sie sind und weiterhin sein werden. Um es noch einmal zu sagen: Ich halte es für [305] Anmaßung, sagen zu wollen, was Frauen ihrer natürlichen Veranlagung nach sind oder sein oder nicht sein können. Sie sind bis jetzt in Bezug auf ihre freie Entwicklung in einem so unnatürlichen Zustand gehalten worden, dass ihre Natur zwangsläufig nur verzerrt und maskiert in Erscheinung tritt. Und niemand kann mit Gewissheit sagen, ob zwischen dem Charakter und den Fähigkeiten von Mann und Frau ein substantieller Unterschied oder überhaupt ein Unterschied bestünde, wenn die Natur der Frauen sich so frei hätte entfalten dürfen wie die des Mannes und nur so weit zurechtgestutzt würde, wie es die für beide Geschlechter gleichen Bedingungen des gesellschaftlichen Zusammenlebens erfordern. Wie ich gleich zeigen werde, sind selbst die offenkundigsten der gegenwärtig bestehenden Unterschiede von einer Art, die sich sehr wohl durch bloße Unterschiede in den Umständen statt durch Unterschiede in den Naturanlagen erklären lässt. Doch wenn wir die Frauen betrachten, wie sie sich in der Erfahrung darstellen: Darf man nicht zumindest – mit mehr Berechtigung, als die meisten allgemeinen Behauptungen über dieses Thema für sich haben – sagen, dass die Richtung ihres Talents im Allgemeinen auf das Praktische geht? Diese Wahrnehmung steht im Einklang mit der Geschichte der Frauen in Vergangenheit und Gegenwart, soweit sie öffentlich zugänglich ist, und wird durch die tägliche Erfahrung bestätigt. Betrachten wir die spezielle Natur der geistigen Fähigkeiten einer talentierten Frau: Sie sind von einer Art, die sie für die Praxis befähigt und sie nach dieser Seite tendieren lässt. Was etwa versteht man unter weiblicher Intuition? Die schnelle und richtige Einsicht ins Gegenwärtige – von allgemeinen Prinzipien ist nicht die Rede. Niemand entdeckte je ein Naturgesetz durch Intuition oder gelangte auf diese Weise zu einer allgemeinen Regel der Pflicht oder Klugheit. Diese ergeben sich nur als Resultate langwieriger und sorgfältiger Sammlung und Vergleichung von Erfahrungen, und weder Frauen noch Männer mit ausgeprägten intuitiven Fähigkeiten pflegen auf diesem Gebiet zu glänzen, es sei denn, sie verfügten selbst über die dazu nötige Erfahrung. Denn in der Tat: Was man als ihre besondere intuitive Stärke bezeichnet, ist die besondere Fähigkeit, allgemeine Wahrheiten aus der eigenen Beobachtung zu gewinnen. Deshalb sind Frauen, die das Glück haben, durch Studium und Bildung ebenso wie Männer mit den Ergebnissen der Erfahrung anderer vertraut gemacht worden zu sein (ich verwende hier bewusst den Begriff Glück, denn die Frauen mit Kenntnissen, die sie für größere Lebensaufgaben geeignet machen, besitzen diese lediglich durch Selbststudium), besser mit den Voraussetzungen einer geschickten und erfolgreichen Praxis ausgerüstet, als dies im Allgemeinen bei Männern der Fall ist. Männern, die ein umfangreiches Studium hinter sich haben, fehlt es leicht am Sinn für das Gegenwärtige; sie sehen in den Dingen, mit denen sie umgehen sollen, nicht, was sie wirklich sind, sondern das, was man sie von ihnen zu erwarten gelehrt hat. Dies kommt bei kompetenten Frauen sehr viel seltener vor. Ihre intuitiven Fähigkeiten bewahren sie davor. Bei gleicher Erfahrung und allgemeiner Begabung sieht eine Frau gewöhnlich mehr von den Dingen, die ihr unmittelbar vor Augen sind, als ein Mann. Von dieser Sensibilität für das Gegenwärtige hängen jedoch die praktischen im Unterschied zu den theoretischen Fähigkeiten ab. Allgemeine Prinzipien zu entdecken, ist eine Sache der theoretischen Fähigkeiten. Das Unterscheiden und Abwägen von Einzelfällen, auf die sie anwendbar oder nicht anwendbar sind, ist praktische Urteilskraft, und für diese sind Frauen so, wie sie jetzt sind, besonders begabt. Zugegebenermaßen [306] kann es keine gute Praxis ohne Prinzipien geben, und der Vorrang der Schnelligkeit der Beobachtung unter den Fähigkeiten einer Frau verleitet sie leicht dazu, aus ihren Beobachtungen vorschnelle Schlussfolgerungen zu ziehen – wobei sie jedoch bereit ist, diese mit der Erweiterung des Horizonts ihrer Beobachtungen zu korrigieren. Doch das Korrektiv gegen dieses Übel ist Zugang zur Erfahrung der Menschheit, Allgemeinwissen – also genau das, was am besten durch Bildung vermittelt wird. Die Fehler, die eine Frau macht, sind dieselben, die ein gescheiter männlicher Autodidakt macht. Er sieht oft, was in bestimmten Routinen ausgebildete Männer nicht sehen, begeht jedoch Fehler aus Mangel an Allgemeinbildung. Natürlich hat sich auch dieser Mann einen guten Teil des vorhandenen Wissens angeeignet, andernfalls hätte er es überhaupt zu nichts bringen können. Doch hat er das, was er weiß, wie die Frauen in Fragmenten und zufällig aufgelesen.

Mag auch diese Neigung des weiblichen Geistes zum Gegenwärtigen, Wirklichen und Tatsächlichen in seiner Ausschließlichkeit eine Quelle von Irrtümern sein, ist sie gleichzeitig doch ein überaus nützliches Gegengewicht gegen den entgegengesetzten Irrtum. Die hauptsächlichste und charakteristischste Verirrung theoretischer Geister entsteht aus dem Mangel an lebendiger Beobachtung und konstanter Aufmerksamkeit auf die Tatsachen. Dieses Defizit hat nicht nur zur Folge, dass sie häufig übersehen, dass ihre Theorien zu den objektiven Tatsachen im Widerspruch stehen, sondern dass sie auch den eigentlichen Zweck ihrer Theorien aus den Augen verlieren und ihre theoretischen Fähigkeiten in Regionen abschweifen lassen, die nicht mit wirklichen Wesen – beseelten, unbeseelten oder idealisierten – bevölkert sind, sondern mit personifizierten Schatten, geschaffen durch die Illusionen der Metaphysik oder durch Sprachverwirrung, und halten diese Schatten für die eigentlichen Objekte der höchsten, transzendentesten Philosophie. Für einen Mann der Theorie, der sich nicht damit begnügt, empirisches Wissen anzuhäufen, sondern der daraus durch gedankliche Arbeit umfassende Wahrheiten der Wissenschaft und der Ethik gewinnen will, kann es kaum etwas Wertvolleres geben, als mit einer geistig hochstehenden Frau zusammenzuarbeiten und sich ihrer Kritik auszusetzen. Nichts ist besser geeignet, seine Gedanken innerhalb der Grenzen der Realität und der Tatsachen zu halten. Eine Frau hängt selten an Abstraktionen. Ihre Tendenz, sich mit den Dingen eher als Individuen denn als Gesamtheiten zu befassen, und (damit eng zusammenhängend) ihr lebhafteres Interesse an den Gefühlen anderer, das sie in allen Praxisdingen zuerst überlegen lässt, wie sie sich auf diese auswirken werden: Diese Eigenschaften machen es ihr so außerordentlich schwer, irgendeiner Spekulation Vertrauen zu schenken, die die Individuen aus den Augen verliert und die Dinge so behandelt, als existierten sie zum Besten irgendeiner imaginären Wesenheit, eines bloßen Phantasiegebildes, ohne Bezug zu den wirklichen Gefühlen lebender Wesen. Weibliches

Denken ist insofern für das männliche Denken, indem es diesem Realität gibt, ebenso nützlich wie männliches Denken für weibliches, indem es ihm Breite und Weite verschafft. Was die Tiefe im Gegensatz zur Breite betrifft, so bezweifle ich, dass selbst jetzt die Frauen den Männern darin auch nur im Geringsten nachstehen.

Sind die charakteristischen geistigen Eigenschaften der Frauen damit eine wertvolle Hilfe für das [307] theoretische Denken, werden sie noch wichtiger, sobald die Theorie ihre Arbeit getan hat, und es darum geht, ihre Resultate in die Praxis umzusetzen. Aus den bereits angeführten Gründen verfallen Frauen weniger leicht in den Irrtum der Männer, sich auf Regeln zu versteifen in Fällen, die so speziell sind, dass sie aus der Klasse, auf die sich die Regeln beziehen, herausfallen und für die die Regeln angepasst werden sollten. Betrachten wir eine andere Eigenschaft, in denen Frauen anerkanntermaßen überlegen sind, nämlich die größere Schnelligkeit im Begreifen. Ist dies nicht in ganz besonderer Weise eine Eigenschaft, die jemanden für die Praxis geeignet macht? Im praktischen Tätigsein hängt alles von der schnellen Entscheidung ab, beim Theoretisieren nichts. Ein Denker kann warten, kann sich Zeit nehmen, zu überlegen, kann weiteres Material sammeln; er steht nicht unter der Notwendigkeit, seine Theorie schnell fertig zu haben, aus Furcht, den rechten Zeitpunkt zu verpassen. Die Fähigkeit, auch aus unzureichenden Daten die bestmöglichen Schlüsse zu ziehen, ist in der Philosophie allerdings keineswegs nutzlos. Die Konstruktion einer mit den verfügbaren Fakten vereinbaren vorläufigen Hypothese bildet oft die unersetzliche Basis für weitere Forschungen. Doch diese Fähigkeit ist in der Philosophie eher eine nützliche Zusatz- als eine Hauptqualifikation. Und der Philosoph kann sich für die Neben- wie für die Hauptaufgabe so viel Zeit lassen, wie er will. Er ist nicht darauf angewiesen, das, was er tun muss, schnell zu tun. Viel eher braucht er Geduld und die Fähigkeit, sich langsam vorzuarbeiten, bis das schwache Licht voll erstrahlt ist und die anfängliche Vermutung zu einem Theorem gereift ist. Für diejenigen dagegen, die es mit dem Flüchtigen und Vergänglichen zu tun haben – mit den Dingen selbst, nicht mit dem Wesen der Dinge –, ist Schnelligkeit des Denkens fast ebenso wichtig wie die Fähigkeit des Denkens selbst. Wem die Gedanken im Augenblick der Tat nicht unmittelbar zu Gebote stehen, könnte auf sie ebenso gut ganz verzichten. Er mag zum Kritisieren geeignet sein, aber nicht zum Handeln. Genau darin sind Frauen – und Männer, die Frauen ähnlich sind – eingestandenermaßen überlegen, während anders geartete Männer, mit wie immer überlegenen Geisteskräften, nur langsam dazu kommen, diese Fähigkeit vollständig zu entwickeln. Schnelligkeit des Urteils und des klugen Handelns sind bei ihnen selbst in Dingen, mit denen sie bestens vertraut sind, die allmählichen und letzten Resultate einer fortgesetzten, schließlich zur Gewohnheit gewordenen Anstrengung.

Man wird vielleicht sagen, die größere nervöse Empfindlichkeit der Frau mache sie für jede andere Tätigkeit als die des häuslichen Lebens ungeeignet, da sie dadurch unstet wird, veränderlich, zu sehr dem Einfluss des Augenblicks ausgesetzt, unfähig zu Beharrlichkeit und unzuverlässig in der Fähigkeit, ihre Begabungen einzusetzen. Meiner Meinung nach sind das Redensweisen, die die hauptsächlichen Bedenken zusammenfassen, die gemeinhin gegen die Befähigung der Frauen für höhere Beschäftigungen erhoben werden. Vieles davon ist bloß die Abreaktion nervöser Energie und würde aufhören, sobald diese Energie auf ein bestimmtes Ziel gelenkt werden würde. Vieles ist nur die Folge einer bewussten oder unbewussten Ziererei, wie wir an dem beinahe gänzlichen Verschwinden der »hysterischen« Anfälle und der Ohnmachten sehen, seit sie aus der Mode gekommen sind. Außerdem: Unter der Voraussetzung, dass Menschen so erzogen werden, wie viele Frauen der höheren Klassen erzogen werden (obwohl in unserem Land weniger als in anderen), nämlich als eine Art Treibhauspflanze – behütet vor allen heilsamen Wechselfällen von Luft und Klima, ferngehalten von jeder Beschäftigung und Bewegung, die Blutkreislauf [308] und Muskelkraft anregt und fördert, während das Nervensystem, besonders in seinen emotionalen Teilen, in eine unnatürlich rege Tätigkeit versetzt wird –, unter dieser Voraussetzung kann es kaum verwundern, dass die, die nicht an Schwindsucht sterben, mit einer Konstitution aufwachsen, die durch die kleinsten Ursachen, äußere wie innere, erschüttert werden kann, und nicht die Kraft aufbringen, Aufgaben zu bewältigen, die fortgesetzte geistige oder physische Anstrengung erfordern. Frauen, die dazu erzogen sind, für ihren Lebensunterhalt zu arbeiten, zeigen keine derartig morbiden Züge, es sei denn, sie sind zu einer Arbeit im Sitzen und in engen und ungesunden Räumen verurteilt. Frauen, die in Kinderjahren an den Leibesübungen und der körperlichen Freiheit ihrer Brüder teilgenommen haben und im späteren Leben in ausreichendem Maß über frische Luft und Bewegung verfügen, leiden selten an übergroßer Reizbarkeit der Nerven, die sie für alle aktiv verfolgten Lebensprojekte unfähig macht. Allerdings gibt es bei beiden Geschlechtern eine gewisse Anzahl von Menschen, bei denen eine auffällige Reizbarkeit der Nerven konstitutionell ist und die sich auf sämtliche Vitalfunktionen auswirkt. Eine derartige Konstitution ist wie die physische Konstitution erblich und wird sowohl an Söhne wie an Töchter weitergegeben. Es ist jedoch möglich und wahrscheinlich, dass sich das nervöse Temperament (wie es genannt wird) häufiger auf das weibliche als auf das männliche Geschlecht vererbt. Nehmen wir es einmal als Faktum an und fragen: Sind Männer mit nervösem Temperament weniger geeignet für die für Männer typischen Aufgaben und Tätigkeiten? Wenn nicht, warum sollte eine Frau mit demselben Temperament ungeeignet dafür sein? Die Eigentümlichkeiten des Temperamentes sind zweifellos in manchen Tätigkeitsbereichen dem Erfolg hinderlich, in andern förderlich. Doch erweisen sich Männer von hoher nervöser Empfindlichkeit, sollte die gewählte Tätigkeit ihrem Temperament entsprechen – und manchmal selbst dann, wenn sie ihm nicht entspricht –, als überragend erfolgreich. In der Praxis zeichnen sie sich vor allem dadurch aus, dass infolge der vergleichsweise höheren Erregbarkeit ihrer physischen Konstitution sich ihre Kräfte im Zustand der Erregung mehr als bei anderen von denen im Normalzustand unterscheiden. Sie wachsen gewissermaßen über sich hinaus und tun Dinge mit Leichtigkeit, zu denen sie zu anderen Zeiten gänzlich unfähig gewesen wären. Und dieser Höhenflug ist, außer bei körperlich schwachen Konstitutionen, nicht nur ein Aufflackern, das augenblicklich wieder erlischt, keine dauernden Spuren hinterlässt und unvereinbar ist mit beharrlicher und stetiger Zielverfolgung. Kennzeichen des nervösen Temperaments ist vielmehr die Fähigkeit zu einer *anhaltenden* Erregung, die sich über eine längere Periode fortgesetzter Anstrengung erhält. Es handelt sich hier um *Elan* [*spirit*], das, was das Rassepferd fähig macht, mit unverminderter Geschwindigkeit dahinzustürmen, bis es tot zusammenbricht. Es ist das, was so viele zerbrechliche Frauen fähig gemacht hat, die bewundernswürdigste Standhaftigkeit nicht nur auf dem Scheiterhaufen, sondern während der langen Abfolge geistiger und körperlicher Martern, die ihm vorangingen, aufrechtzuerhalten. Es ist klar, dass sich Menschen mit diesem Temperament besonders für das eignen, was man den ausführenden Teil der Führerschaft des menschlichen Fortschritts nennen könnte. Sie haben den Stoff zu großen Rednern, großen Predigern, beeindruckenden Moralisten. Als weniger geeignet könnte ihre Konstitution für Kabinettspolitiker [309] oder Richter gelten. Das wäre allerdings nur dann so, wenn folgen würde, dass Menschen, die leicht erregbar sind, sich dauerhaft in einem Zustand der Erregung befinden. Dies ist jedoch ganz und gar eine Frage der Übung. Starke Gefühle sind das Instrument und das Objekt starker Selbstkontrolle, doch bedarf es einer Lenkung in diese Richtung. Sie machen nicht nur Helden aus Impulsivität, sondern auch Helden aus Selbstbeherrschung. Geschichte und Erfahrung zeigen, dass die leidenschaftlichsten Charaktere zugleich die fanatischsten in ihrer Pflichttreue waren, sofern ihre Leidenschaft in diese Richtung gelenkt worden ist. Der Richter, der ein gerechtes Urteil in einem Fall fällt, in dem seine Gefühle intensiv in die entgegengesetzte Richtung tendieren, bezieht aus dieser Gefühlsintensität eine Intensität der Gerechtigkeitsliebe, die ihm einen solchen Sieg über sich selbst allererst möglich macht. Die Fähigkeit zu jenem Enthusiasmus, der den Menschen über seinen Alltagscharakter hinaushebt, wirkt auf den Alltagscharakter selbst zurück. Das Wollen und Können, das diese Ausnahmezustände bestimmt, sind das, womit er seine Gefühle und Handlungen zu anderen Zeiten vergleicht und bewertet, und sein Alltagshandeln nimmt einen Charakter an, der sich die Augenblicke des Enthusiasmus zum Vorbild nimmt und sich ihnen mehr und mehr angleicht, auch wenn diese aufgrund der physischen Natur des Menschen stets nur vorübergehend sind. Die Erfahrungen, die man an ganzen Völkern [*races*] wie an einzelnen Individuen machen kann, zeigen nicht, dass erregbare Menschen im Durchschnitt für Denken oder Handeln weniger geeignet gewesen wären als die weniger erregbaren. Die Franzosen und Italiener sind zweifellos von Natur aus erregbarer als die germanischen Völker und haben, zumindest verglichen mit den Engländern, ein sehr viel emotionsbestimmteres Alltagsleben. Doch waren sie in den Wissenschaften, den öffentlichen Angelegenheiten, in Gesetzgebung und Rechtspflege oder im Krieg weniger bedeutend? Vieles spricht dafür, dass die Griechen der Antike eines der erregbarsten Völker der Menschheit waren, wie es ihre Nachfahren noch heute sind. Doch gibt es eine Kunst oder Wissenschaft, in der sie nicht Hervorragendes geleistet haben? Die Römer waren ein ebenso südliches Volk und hatten wahrscheinlich ursprünglich dasselbe Temperament. Die Strenge ihrer nationalen Erziehung machte sie allerdings – ähnlich den Spartanern – zu einem Musterbeispiel für den entgegengesetzten Typus, und die Intensität ihrer natürlichen Gefühle machte sich hauptsächlich in der

Intensität bemerkbar, mit der die künstlichen über die natürlichen dominierten. Zeigen diese Fälle, was aus einem von Natur aus erregbaren Volk gemacht werden kann, liefern die irischen Kelten das schlagendste Beispiel dafür, wie es ist, wenn ein Volk sich selbst überlassen bleibt (sofern man von einem Volk sagen kann, es sei sich selbst überlassen geblieben, wenn es jahrhundertelang dem indirekten Einfluss einer schlechten Regierung und dem direkten Einfluss der katholischen Hierarchie und dem strengen Glauben an den Katholizismus ausgesetzt war). Der irische Charakter muss daher als ein ungünstiges Beispiel gelten. Dennoch – sobald die Umstände dem Individuum günstig waren: Welches Volk hat eine größere Fähigkeit gezeigt, mannigfachste individuelle Größe hervorzubringen? Wie die Franzosen verglichen mit den Engländern, die Iren verglichen mit den Schweizern, die Griechen oder Italiener verglichen mit den germanischen Völkern wird man auch die Frauen verglichen mit den Männern im Durchschnitt zu denselben Leistungen fähig finden, wenn auch mit anderen Schwerpunkten. Doch sehe ich nicht den geringsten Grund, zu bezweifeln, dass sie diese [310] Fähigkeiten bis zur Vollendung entwickeln würden, wenn ihre Erziehung und Bildung darauf angelegt wäre, die in ihrem Temperament angelegten Defizite zu beheben, statt sie zu vertiefen.

Dass die Frauen von Natur aus unsteter sind als die Männer, weniger fähig zu fortgesetzter Anstrengung, eher geneigt, ihre Fähigkeiten auf mehrere Dinge zu verteilen als ein- und denselben Pfad bis zu seinem höchsten Punkt zu verfolgen – das mag (wenn auch nicht ohne wichtige und zahlreiche Ausnahmen) auf die Frauen zutreffen, wie sie gegenwärtig sind, und erklären, weshalb sie hinter den bedeutendsten Männern in Dingen zurückstehen, bei denen eine Idee oder Aufgabe die Hingabe des ganzen Menschen erfordert. Doch ist diese Differenz allenfalls für die Art der Leistung relevant, nicht für die Leistung selbst oder ihren praktischen Wert. Und es ist erst noch zu zeigen, ob diese ausschließliche Tätigkeit eines Teils der Person, dieses totale Aufgehen in einer einzigen Idee oder Aufgabe der normale und gesunde Zustand der menschlichen Fähigkeiten ist, selbst noch der theoretischen. Meiner Meinung nach geht das, was durch eine derartige Konzentration der geistigen Kräfte für ein spezielles Entwicklungsziel gewonnen wird, an geistiger Kapazität für andere Lebensaufgaben verloren, und es ist meine entschiedene Ansicht, dass selbst im abstrakten Denken der Geist dann mehr leistet, wenn er immer wieder aufs Neue zu einem schwierigen Problem zurückkehrt, als wenn er ohne Unterbrechung bei diesem bleibt. Für praktische Zwecke – von den höchsten bis zu den alltäglichsten – ist es in jedem Fall nützlich, von einer Sache auf die andere übergehen zu können, ohne die Sprungfeder der Aufmerksamkeit zwischendurch erschlaffen zu lassen. Diese Fähigkeit besitzen Frauen in hervorragender Weise, vermöge genau jener geistigen Beweglichkeit, die man ihnen zum Vorwurf macht. Vielleicht haben sie diese Eigenschaft von Natur aus, ganz gewiss aber durch Gewöhnung und Erziehung. Denn beinahe alle Beschäftigungen der Frauen bestehen aus kleinen, doch höchst vielfältigen Detailaufgaben, bei denen der Geist nicht eine Minute verweilen kann, ohne sogleich auf eine andere überzugehen; und erfordert eine Aufgabe etwas längeres Nachdenken, muss er sich die Zeit dafür aus den Momenten dazwischen förmlich zusammenstehlen. Tatsächlich ist vielen Beobachtern die Fähigkeit von Frauen aufgefallen, unter Umständen und zu Zeiten nachzudenken, die für beinahe jeden Mann eine Entschuldigung wären, gar nicht erst den Versuch dazu zu machen. Und mag der weibliche Geist auch nur mit kleinen Dingen beschäftigt sein, gestattet er sich doch niemals völligen Müßiggang – wie es der männliche so häufig tut, wenn er nicht gerade mit dem beschäftigt ist, was er für seine Lebensaufgabe hält. Gegenstand des gewöhnlichen Lebens einer Frau sind die Dinge im Allgemeinen. Deshalb kann ihr Geist ebenso wenig stillstehen wie die Rotation der Erde.

Doch gibt es ja – so wird gesagt – einen anatomischen Beweis für die geistige Überlegenheit der Männer über die Frauen: Sie haben ein größeres Gehirn. Ich erwidere, dass dieses Faktum für sich genommen zweifelhaft ist. Es ist durchaus nicht erwiesen, dass das Gehirn einer Frau kleiner ist als das eines Mannes. Leitet man diese These lediglich aus dem Umstand ab, dass der Körper der Frauen im Allgemeinen geringere Dimensionen hat als der männliche, führt dieses Kriterium zu seltsamen Konsequenzen. Ein großer und starkknochiger Mann wäre danach [311] einem kleineren Mann an Intelligenz überlegen, und ebenso wundersamerweise müsste der Elefant und der Wal die Menschheit übertreffen. Die Größe des Gehirns von Menschen variiert nach der Meinung von Anatomen sehr viel weniger als die Größe des Körpers oder des Kopfes, und das eine lässt sich nicht nach dem anderen bestimmen. Fest steht, dass es Frauen gibt, deren Gehirn ebenso groß ist wie das eines Mannes. Mir ist berichtet worden, dass ein Mann, der mehrere menschliche Gehirne gewogen hatte, erklärte, dass das schwerste, von dem er wusste (schwerer als das von Cuvier, dem schwersten bis dahin dokumentierten) das einer Frau gewesen sei. Weiterhin ist zu bemerken, dass die genaue Beziehung zwischen Gehirn und Intelligenz noch nicht gut verstanden, sondern hochgradig kontrovers diskutiert wird. Dass zwischen beiden eine enge Beziehung besteht, ist unzweifelhaft. Zweifellos ist das Gehirn das materielle Organ des Denkens und Fühlens, und ich gebe zu: Abgesehen von der Kontroverse darüber, wie weit verschiedene Teile des Gehirns verschiedenen geistigen Fähigkeiten entsprechen –, dass es eine Anomalie und eine Ausnahme von allem wäre, was wir über die allgemeinen Gesetze des Lebens und der Organisation wissen, wenn die Größe des Organs gänzlich ohne Einfluss auf seine Funktion wäre und die größere Ausdehnung des Organs für die Denkfähigkeit gar keinen Unterschied machte. Allerdings wäre es keine geringere Anomalie und Ausnahme, wenn allein die Größe des Organs entscheidend wäre. Bei allen subtileren Naturvorgängen – von denen die der belebten Natur die subtilsten und von denen wiederum die des Nervensystems die allersubtilsten sind – hängen die Verschiedenheiten der Wirkung von der Verschiedenheit der betreffenden Organe nach Qualität und Quantität ab, und wenn die Qualität eines Instruments nach der Feinheit und Genauigkeit der Operationen, die es ausführen kann, zu bemessen ist, deuten die Anzeichen auf eine durchschnittlich größere Feinheit des Gehirns und Nervensystems der Frauen als der Männer hin. Sieht man einmal von allen abstrakten Qualitätsunterschieden ab, die zu belegen immer eine schwierige Angelegenheit bleibt, weiß man doch, dass die Effizienz eines Organs nicht nur von der Größe, sondern auch von der Aktivität abhängt, und für diese haben wir ein annäherndes Maß in der Energie, mit der das Blut durch das Gehirn zirkuliert, da sowohl Erregung als auch erneute Ansprechbarkeit hauptsächlich von der Blutzirkulation abhängen. Es wäre nicht erstaunlich – und ist in der Tat eine Hypothese, die mit den beobachteten Unterschieden in der geistigen Tätigkeit der beiden Geschlechter gut zusammenstimmt –, wenn bei den Männern das Gehirn im Durchschnitt größer und bei den Frauen die zerebrale Blutzirkulation aktiver wäre. Die Schlussfolgerungen, auf die diese auf Analogie gegründeten Vermutungen führen, dürften mit dem, was wir gewöhnlich wahrnehmen, übereinstimmen. Diesem entsprechend wäre zu erwarten, dass die geistigen Prozesse bei Männern langsamer ablaufen; sie wären weder im Denken noch im Fühlen so schnell wie die Frauen. Größere Körper brauchen länger, um in Bewegung zu kommen. Andererseits wäre das männliche Gehirn, ist es erst einmal in voller Fahrt, leistungsfähiger als das weibliche. Es wäre ausdauernder in der einmal eingeschlagenen Richtung, es würde ihm schwerer fallen, von einer Tätigkeit zu einer anderen überzugehen. Doch könnte es bei der einen länger bleiben, ohne an [312] Kraft einzubüßen oder zu ermüden. Und finden wir nicht in der Tat, dass die Dinge, in denen die Männer die Frauen am meisten übertreffen, von der Art sind, dass sie ein langwieriges Hämmern und Feilen an einem einzigen Gedanken verlangen, während die Frauen da am besten sind, wo etwas schnell getan werden muss? Das Gehirn einer Frau ist schneller ermüdet und schneller erschöpft. Doch ist anzunehmen, dass es sich im Verhältnis zu seiner Erschöpfung schneller wieder erholt. Ich weise nochmals darauf hin, dass diese Überlegung rein hypothetisch ist und nichts weiter beansprucht, als der

Forschung eine Richtung vorzugeben. Ich habe oben bereits die Behauptung zurückgewiesen, es ließe sich mit Sicherheit sagen, dass zwischen den durchschnittlichen männlichen und weiblichen geistigen Fähigkeiten ein Unterschied nach Stärke und Richtung besteht, oder sogar, worin er besteht. Es ist ganz und gar unmöglich, darüber etwas auszusagen, solange die psychologischen Gesetze der Charakterbildung weder in ihren allgemeinen Zügen noch in diesem speziellen Bereich wissenschaftlich untersucht worden sind und solange die offenkundigsten äußeren Faktoren der Charakterunterschiede gewohnheitsmäßig unbeachtet bleiben – von Beobachtern ignoriert und von den herrschenden Schulen der Naturwissenschaft und der Psychologie hochmütig verachtet. Unabhängig davon, ob sie die Quelle dessen, was Menschen voneinander unterscheidet, in der Welt der Materie oder der des Geistes suchen: Sie sind sich einig darin, diejenigen schlechtzumachen, die es vorziehen, diese Unterschiede mit den unterschiedlichen Beziehungen der Individuen zur Gesellschaft und zum Leben zu erklären.

Zu einem solch lächerlichen Umfang sind die Vorstellungen, die man sich über die Natur der Frauen macht, bloße empirische Verallgemeinerungen, gebildet nach den ersten sich bietenden Beispielen und ohne philosophische oder analytische Grundlage, dass sich die verbreitetsten von Land zu Land unterscheiden, je nachdem, welche Möglichkeiten die Anschauungen und Verhältnisse des Landes den Frauen zu Entwicklung oder Nicht-Entwicklung bieten. Die Orientalen glauben, dass ihre Frauen besonders wollüstig sind – siehe die heftigen Beschimpfungen deswegen in den hinduistischen Schriften. Ein Engländer glaubt, dass sie von Natur aus kalt sind. Die Redensarten über die Unbeständigkeit der Frauen stammen zumeist aus Frankreich, angefangen von dem berühmtem Distichon Franz' I. In England wird häufig die Bemerkung gemacht, wie viel zuverlässiger Frauen als Männer doch seien. Unbeständigkeit gilt als besonders unrühmliche Eigenschaft von Frauen, in England seit längerem als in Frankreich. Außerdem sind die Engländerinnen ihrer innersten Natur nach sehr viel stärker von der öffentlichen Meinung abhängig. Beiläufig sei bemerkt, dass Engländer, wenn sie zu definieren versuchen, was natürlich ist oder nicht, in einer besonders ungünstigen Lage sind, nicht nur über Frauen, sondern auch über Männer und über die Menschen allgemein – zumindest dann, wenn sie sich dabei nur auf das verlassen, was sie in England [313] zu Gesicht bekommen. Denn es gibt keinen Ort, an dem die menschliche Natur so wenig von ihren ursprünglichen Zügen zu erkennen gibt. Im Guten wie im Schlechten haben sich die Engländer weiter vom Naturzustand entfernt als irgendein anderes Volk der Neuzeit. Mehr als jedes andere Volk sind sie ein Produkt von Zivilisierung und Disziplin. England ist das Land, in dem die soziale Disziplinierung ihre größten Erfolge feiert, und zwar nicht so sehr durch Eroberung als durch Unterdrückung dessen, was mit ihr in Konflikt kommen könnte. Die Engländer kennzeichnet mehr als jedes andere Volk, dass sie nicht nur nach Regeln handeln, sondern auch fühlen. In anderen Ländern mögen die vorherrschenden Ansichten oder die Erfordernisse des Zusammenlebens stärker zu spüren sein. Doch sind unter diesen stets noch die Äußerungen der individuellen Natur sichtbar, oft auch in ihrer Widersetzlichkeit. In England dagegen hat sich die Regel weitgehend an die Stelle der Natur gesetzt. Das Leben wird zum größeren Teil nicht so geführt, dass man der Neigung unter der Kontrolle der Regel folgt, sondern dass man von vornherein keine andere Neigung kennt als der Regel zu folgen. Das hat zweifellos seine guten Seiten, aber auch eine jämmerlich schlechte. Auf jeden Fall muss es einen Engländer in besonderer Weise ungeeignet machen, auf der Grundlage seiner Erfahrung etwas zu den ursprünglichen Tendenzen der menschlichen Natur zu sagen. Beobachter andernorts sehen sich anderen Fehlern ausgesetzt. Während Engländer in Bezug auf die menschliche Natur ignorant sind, sind Franzosen voreingenommen. Die Irrtümer eines Engländers sind positiv, die eines Franzosen negativ. Ein Engländer denkt, dass bestimmte Dinge nicht existieren, weil er sie nicht sieht. Ein Franzose sieht sie, denkt jedoch, sie müssten immer und notwendig existieren. Ein Engländer kennt die Natur deshalb nicht, weil er keine Gelegenheit hat, sie zu beobachten. Ein Franzose kennt sie in der Regel recht gut, verkennt sie jedoch, weil er sie nur in einer verkünstlichten und verzerrten Form sieht. Denn die Künstlichkeit, mit der die Gesellschaft die Natur überzieht, verbirgt die natürlichen Tendenzen, um die es geht, in zweierlei Weise: durch Auslöschung und durch Transformation. Im ersteren Fall lassen sich allenfalls noch Spuren der ursprünglichen Natur finden; im letzteren lässt sich eine Menge Natur finden, doch kann sie eine Richtung eingeschlagen haben, die weit von der, die sie spontan eingeschlagen hätte, abweicht.

Ich habe behauptet, dass man zum jetzigen Zeitpunkt nicht wissen könne, wie weit die bestehenden Unterschiede zwischen den beiden Geschlechtern in Denken und

Fühlen natürlich oder künstlich sind und ob es überhaupt irgendwelche natürlichen Unterschiede gibt bzw. welche natürlichen Unterschiede bestehen bleiben würden, wenn man sich alle künstliche Unterschiede wegdenkt. Ich werde hier nicht das versuchen, was ich als unmöglich bezeichnet habe. Zweifel verbieten es jedoch nicht, Vermutungen anzustellen, und es mag Wege geben, zumindest zu einem gewissen Grad an Wahrscheinlichkeit zu gelangen. Die erste Frage, die nach den Ursprüngen der zu beobachtenden Unterschiede, dürfte der Untersuchung am ehesten zugänglich sein, und ich will versuchen, mich ihr auf dem einzigen Weg zu nähern, der erfolgversprechend zu sein scheint, nämlich über die psychischen Konsequenzen äußerer Einflüsse. Wir können einen Menschen nicht gegen seine Lebensumwelt isolieren, um wie in einem Experiment herauszufinden, wie er von Natur aus sein würde. Wir können uns jedoch ansehen, wie er ist und was seine Lebensumstände gewesen sind, und überlegen, ob diese in der Lage gewesen sein könnten, ihn zu dem, was er ist, werden zu lassen.

Nehmen wir uns also den einzigen prägnanten Fall vor, den die Beobachtung dafür anbietet, nämlich die scheinbare [314] Unterlegenheit der Frauen gegenüber den Männern, abgesehen von ihrer rein physischen Unterlegenheit. Kein Werk von höchstem Rang ist von einer Frau geschaffen worden, weder in der Philosophie noch in der Wissenschaft oder in der Kunst. Lässt sich das erklären, ohne annehmen zu müssen, dass Frauen von Natur aus zu solchem nicht fähig sind?

Als Erstes können wir mit Fug und Recht bestreiten, dass uns die Erfahrung hinreichende Gründe für eine wie immer geartete Verallgemeinerung liefert. Erst seit drei Generationen haben die Frauen – von seltenen Ausnahmen abgesehen – angefangen, ihre Fähigkeiten in Philosophie, Wissenschaft und Kunst zu erproben. Erst in der jetzt lebenden Generation finden sich Beispiele in nennenswerter Anzahl, und auch jetzt sind es nur wenige außerhalb von England und Frankreich. Wie wahrscheinlich ist es, dass sich in diesem kurzen Zeitraum unter den Frauen ein Geist mit den Voraussetzungen für erstrangige theoretische oder künstlerische Leistungen findet, dessen Position und Präferenzen es zulassen, sich diesen Zwecken zu widmen? In allem, wofür bis jetzt genügend Zeit war – auf allen Stufen bis zur höchsten Stufe der Vollendung, insbesondere in dem Bereich, in dem sie sich am längsten engagiert haben, der Literatur (Prosa wie Poesie) – haben Frauen ebenso viel geleistet und haben ebenso viele und ebenso wichtige Preise gewonnen, wie angesichts der Zeitdauer und der Zahl der Mitbewerber zu erwarten war. Gehen wir in die Zeit zurück, in der sehr wenige Frauen überhaupt nur den Versuch machten, waren einige einzigartig erfolgreich. Die Griechen zählten Sappho zu ihren größten Dichtern, und wir können annehmen, dass Myrtis, die die Lehrmeisterin von Pindar gewesen sein soll, und Corinna, die fünfmal vor ihm den Preis für Poesie errungen haben soll, zumindest berühmt genug gewesen sein müssen, um in einem Atemzug mit diesem großen Namen genannt zu werden. Aspasia hinterließ keine philosophischen Schriften. Es ist jedoch eine anerkannte Tatsache, dass Sokrates bei ihr um Unterricht nachsuchte und ihn nach eigenem Bekunden auch erhielt.

Sehen wir uns die literarischen und künstlerischen Werke von Frauen in der Neuzeit an und stellen sie denen von

Männern gegenüber, läuft die Unterlegenheit, die viele ihnen bescheinigen, im Wesentlichen auf eine – allerdings substantielle – hinaus, nämlich auf ihren Mangel an Originalität. Keinen totalen Mangel, denn jedes geistige Werk von Wert hat seine eigene Originalität, ist das Werk *dieses* Geistes und keine reine Kopie. Originelle Ideen in dem Sinn von Ideen, die nicht von anderen geborgt sind, sondern aus den Beobachtungen und dem Nachdenken ihres Autors stammen, finden sich in den Werken von Frauen in hinreichender Zahl. Doch haben sie bisher noch keine großen und zündenden Gedanken hervorgebracht, die eine neue Ära des Denkens einleiteten, oder künstlerische Ideen, die einen neuen Horizont mit bisher unbekannten Effekten eröffneten und eine neue Schule begründeten. Ihre Werke fußen zumeist auf dem bestehenden Fundus an Gedanken, und ihre Schöpfungen halten sich an bestehende Vorbilder. In diesem Punkt liegt die Unterlegenheit, die sich in ihren Werken offenbart – nicht in der Ausführung, der konkreten gedanklichen Arbeit und der Vollkommenheit des Stils. Unsere besten Romanschriftsteller in Fragen der Komposition und Detailarbeit sind hauptsächlich Frauen gewesen. [315] In der ganzen neuzeitlichen Literatur findet sich keine eloquentere Art der Gedankenvermittlung als der Stil der Madame de Staël und nichts, was an rein künstlerischer Perfektion der Prosa von George Sand überlegen wäre, deren Stil auf das Nervensystem wirkt wie eine Symphonie von Haydn oder Mozart. Wie gesagt: Was hauptsächlich fehlt, ist eine ausgeprägte Originalität in der Grundkonzeption. Lässt sich dieser Mangel irgendwie erklären?

Was das reine Denken betrifft, sollten wir bedenken, dass in derjenigen Periode der Existenz der Welt und des

Bildungsfortschritts, in der große und fruchtbare Wahrheiten durch geniale Einsicht und ohne viel vorheriges Studium und Ansammlung von Wissen gefunden werden konnten – dass in dieser gesamten Zeit Frauen in keiner Weise mit theoretischer Arbeit befasst waren. Von den Tagen der Hypatia bis zu denen der Reformation ist die berühmte Héloise nahezu die einzige Frau, der so etwas möglich gewesen wäre, und wir wissen nicht, eine wie ausgeprägte Theoriefähigkeit der Menschheit durch die Unglücksfälle ihres Lebens verloren gegangen ist. Niemals, seitdem eine nennenswerte Anzahl von Frauen begonnen hat, sich auf theoretischem Gebiet zu profilieren, war Originalität leicht zu haben. Nahezu alle Gedanken, die man durch reine Gedankenarbeit entwickeln kann, sind bereits gedacht, und Originalität, streng verstanden, wird auch heute allenfalls von Köpfen erreicht, die eine tiefgreifende Disziplinierung hinter sich haben und sich in den Produkten früheren Denkens gründlich auskennen. Ich glaube, es ist Mr. Maurice, der über das gegenwärtige Zeitalter gesagt hat, dass seine originellsten Denker die seien, die am gründlichsten über das von ihren Vorgängern Gedachte Bescheid wissen, und das dürfte auch in Zukunft so bleiben. Jeder neue Stein, der in das Gebäude verbaut wird, muss jetzt obenauf auf so viele andere gesetzt werden, dass jeder, der sich an der Errichtung des Bauwerks beteiligen will, lange Wege und schwere Lasten in Kauf nehmen muss. Wie viele Frauen gibt es, die diesen Prozess durchlaufen haben? Mrs. Somerville ist vielleicht die einzige Frau, die so viel von Mathematik versteht, wie heute nötig ist, um substantielle mathematische Entdeckungen zu machen. Beweist es die Unterlegenheit von Frauen, dass keine von ihnen das Glück hatte, einer der zwei oder drei Menschen zu sein, die es geschafft haben, ihren Namen noch in ihrer Lebenszeit mit einer durchschlagenden wissenschaftlichen Innovation zu verbinden? Seitdem die politische Ökonomie als Wissenschaft anerkannt ist, kennen sich zwei Frauen hinreichend gut in ihr aus, um nutzbringend darüber zu schreiben. Über wie viele von den unzähligen Männern, die darüber in derselben Zeit geschrieben haben, lässt sich dasselbe sagen? Wenn bisher keine Frau eine große Historikerin war: Welche Frau hatte die dafür nötige Gelehrsamkeit? Wenn keine Frau eine große Philologin ist: Welche Frau hat Sanskrit und slawische Sprachen studiert, das Gotisch des Wulfila oder das Persische des Zend-Avesta? Selbst in praktischen Fragen wissen wir, [316] wie wenig die Originalität eines unausgebildeten Genies ausrichtet. Es erfindet in einer anfänglichen Form etwas neu, was schon lange erfunden und von vielen weiteren Erfindern verbessert worden ist. Hätten Frauen die Ausbildung, die Männer heute brauchen, wenn sie originell sein wollen, hätten wir hinreichend Zeit und Erfahrung, um damit zu beginnen, ihre Befähigung zur Originalität zu beurteilen.

Es kommt zweifellos öfter vor, dass jemand, der die Gedanken anderer über ein bestimmtes Thema nicht umfassend oder nur ungenau studiert hat, aufgrund seiner natürlichen Intelligenz eine glückliche Intuition hat, die er vortragen, aber nicht beweisen kann, und die in ausgereifter Form einen wichtigen Wissensfortschritt darstellt. Doch wird man ihr selbst dann nicht gerecht werden können, ohne dass jemand anders, der über die genannten Voraussetzungen verfügt, sie in die Hand nimmt, sie prüft, ihr eine wissenschaftliche oder praktische Form gibt und sie in das bestehende System der Philosophie oder Wissenschaft einordnet. Sollten solche glücklichen Eingebungen bei Frauen nicht vorkommen? Bei geistig interessierten Frauen finden sie sich zu Hunderten. Meistens gehen sie verloren, weil kein Ehemann oder Freund zur Stelle ist, der über das nötige Wissen verfügt, um sie angemessen einzuschätzen und der Welt zu präsentieren. Und sollte es dazu kommen, werden sie im Allgemeinen ihm und nicht der eigentlichen Autorin zugeschrieben. Wer kann sagen, wie viele der originellsten Ideen männlicher Autoren letztlich auf eine Frau zurückgehen, und die Männer sie lediglich verifiziert und ausgearbeitet haben? Wenn ich von mir selbst ausgehen darf: eine ganze Menge.

Wenden wir uns nun der Literatur im engeren Sinne und der Kunst zu, so gibt es einen sehr offensichtlichen Grund, warum die von Frauen stammende Literatur in Konzeption und Machart eine Nachahmung der von Männern geschriebenen ist. Warum ist die römische Literatur – wie die Literaturwissenschaftler zu verkünden nicht müde werden – nicht originell, sondern eine Nachahmung der griechischen? Schlicht deshalb, weil die Griechen zuerst da waren. Falls die Frauen in einem anderen Land lebten als die Männer und niemals irgendwelche ihrer Schriften gelesen hätten, hätten sie sehr wohl eine eigene Literatur. So wie es ist, haben sie keine eigene geschaffen, weil sie bereits eine hochgradig entwickelte Literatur vorfanden. Falls es im Wissen von der Antike keine Latenzphase gegeben hätte, oder wenn die Renaissance dem Bau der gotischen Dome vorangegangen wäre, wären die Dome nie gebaut worden. Wir sehen, dass in Frankreich und Italien die Nachahmung der antiken Literatur die Entwicklung einer eigenen Literatur zum Stillstand gebracht hat, selbst nachdem diese bereits begonnen hatte. Alle schreibenden Frauen sind Schülerinnen der großen männlichen Schriftsteller. Die frühen Bilder eines Malers, selbst die eines Raffael, sind im Stil ununterscheidbar von denen seines Lehrmeisters. Selbst ein Mozart lässt in seinen frühesten Stücken noch nichts von seiner gewaltigen Originalität erahnen. Was Jahre für ein begabtes Individuum sind, sind Generationen für die Menschheit. Falls die von Frauen geschriebene Literatur dazu bestimmt ist, einen eigentümlichen Charakter zu haben, der anders ist als der der männlichen Autoren und auf irgendwelchen natürlichen Tendenzen beruht, ist weitaus mehr Zeit notwendig, als bisher vergangen ist, bevor er sich von dem Einfluss anerkannter Vorbilder emanzipiert und nur noch seinen eigenen Antrieben folgt. Wenn aber, wie ich glaube, natürliche Tendenzen, die allen Frauen gemeinsam sind und ihre Kreativität von der der Männer unterscheiden, sich gar nicht finden lassen, so hat doch jede einzelne Schriftstellerin ihre individuellen Eigentümlichkeiten, wenn auch bis heute unter dem bestimmenden Einfluss von [317] Vorgängern und Vorbildern. Und es wird Generationen dauern, bis ihre Individualität hinreichend entwickelt ist, um sich gegen diesen Einfluss zu behaupten.

Die stärksten Belege für eine Unterlegenheit der Frauen in Bezug auf Originalität scheinen sich in den sogenannten schönen Künsten zu finden. Denn aus diesem Bereich, könnte man sagen, schließt die öffentliche Meinung die Frauen gar nicht aus, sondern ermutigt sie geradezu, und überdies spielen sie in der Erziehung der Frauen, zumindest in den höheren Klassen, eine beträchtliche Rolle. Dennoch bleiben die Leistungen der Frauen in diesem Bereich noch deutlicher als in vielen anderen hinter den höchsten der Männer zurück. Dieses Defizit erklärt sich allerdings durch eine bekannte Tatsache, die auf die schönen Künste eindeutiger zutrifft als auf anderes, nämlich die Überlegenheit der Professionalität über den Dilettantismus. Frauen der gebildeten Klassen erhalten zwar fast alle Unterricht in der einen oder anderen Abteilung der schönen Künste, doch nicht, um damit ihren Lebensunterhalt zu bestreiten oder eine bestimmte soziale Stellung einzunehmen. Weibliche Künstler sind allesamt Dilettanten. Die Ausnahmen bestätigen lediglich die Regel. Zwar erhalten Frauen Musikunterricht, doch nicht, um Komponieren zu lernen, sondern um Kompositionen auszuführen. Dementsprechend sind Männer in der Musik nur als Komponisten überlegen. Die einzige schöne Kunst, die Frauen in einem gewissen Umfang als Beruf ausüben, ist die Schauspielkunst, und in dieser sind sie anerkanntermaßen gleichauf. Um eine fairen Vergleich anzustellen, sollte man insofern die Kreativität der Frauen eher mit der der Männer vergleichen, die sie nicht beruflich ausüben. In der musikalischen Komposition etwa haben Frauen sicherlich ebenso viel zustande gebracht wie die männlichen Dilettanten. Es gibt jetzt einige Frauen – einige wenige –, die das Malen als Beruf ausüben, und diese beginnen ebenso viel Talent zu zeigen, wie man erwarten sollte. Selbst männliche Maler (auch wenn Mr. Ruskin widersprechen wird) haben in den letzten Jahrhunderten keine sehr bemerkenswerte Figur gemacht, und es wird noch etwas dauern, bis sie es tun. Der Grund, warum die alten Meister den neueren so weit überlegen sind, liegt darin, dass sich in den früheren Zeiten die besten

Männer dieser Kunst widmeten. Im 14. und 15. Jahrhundert gehörten die italienischen Maler zu den vollendetsten Menschen ihrer Zeit. Die größten unter ihnen waren Universalgenies von enzyklopädischen Kenntnissen und Fähigkeiten, wie die Größten unter den Griechen. In ihrer Zeit zählten die schönen Künste zum Erhabensten, worin ein Mensch sich auszeichnen konnte, und durch sie wurden Männer, was sie heute nur durch politische oder militärische Erfolge werden können, nämlich die Gefährten von Herrschern, auf derselben Ranghöhe wie der höchste Adel. Im gegenwärtigen Zeitalter finden Männer von diesem Format etwas für ihren Ruhm Wichtigeres und für die moderne Welt Nützlicheres zu tun als Malen, und es kommt nur gelegentlich dazu, dass sich ein Reynolds oder Turner (über deren Rang unter den Großen ich mir keine Meinung anmaße) dieser Kunst widmet. Die Musik fällt in eine andere Kategorie. Sie erfordert nicht dieselben allgemeinen Geisteskräfte, sondern scheint stärker abhängig von einer natürlichen Begabung, und es erscheint auf den ersten Blick überraschend, dass keiner von den großen Komponisten eine Frau gewesen ist. Doch bedarf selbst diese natürliche Begabung, um zu [318] großen Schöpfungen zu führen, des Studiums und professioneller Beharrlichkeit. Die einzigen Länder, die erstklassige männliche Komponisten hervorgebracht haben, sind Deutschland und Italien – Länder, in denen die Frauen in Bezug auf Bildung weit hinter Frankreich und England rangieren und in denen (wie man ohne Übertreibung sagen darf) die Frauen generell wenig gebildet sind und insbesondere ihre höheren geistigen Fähigkeiten kaum gepflegt werden. Während Männer, die sich in den Grundsätzen der musikalischen

Komposition auskennen, in diesen Ländern nach Hunderten oder, wahrscheinlicher noch, nach Tausenden zählen, zählen die Frauen nach Dutzenden –, so dass wir auch hier wieder, statistisch gesehen, nicht mehr als eine Frau auf 50 hervorragende Männer erwarten dürfen. Und die letzten drei Jahrhunderte haben in Deutschland oder Italien nicht einmal 50 hervorragende Komponisten hervorgebracht.

Es gibt weitere Gründe neben den angegebenen, die erklären, warum Frauen, selbst in Beschäftigungen, die beiden offenstehen, hinter den Männern zurückbleiben. Zum einen haben sehr wenige Frauen Zeit dafür. Das mag paradox erscheinen, ist aber unzweifelhaft eine Tatsache. Zeit und Gedanken der Frauen werden zu einem großen Teil von praktischen Belangen in Anspruch genommen. Da ist zunächst die Aufsicht über die Familie und den Haushalt, mit der mindestens eine Frau in jeder Familie beschäftigt ist, im Allgemeinen die ältere und erfahrenere – es sei denn, dass die Familie reich genug ist, diese Aufgabe an eine bezahlte Kraft abzugeben und die damit verbundenen Gefahren von Verschwendung und Veruntreuung in Kauf zu nehmen. Die Überwachung eines Haushalts, auch wenn nicht in anderen Hinsichten mühsam, nimmt das Denken in erheblichem Maß in Anspruch. Sie erfordert ständige Aufmerksamkeit, ein Auge, dem keine Einzelheit entgeht, und wirft zu jeder Stunde des Tages vorhergesehene und unvorhergesehene Probleme auf, die bedacht und gelöst werden müssen und von denen sich die verantwortliche Person kaum je einmal entlasten kann. Frauen von höherem Stand sind von diesen Belastungen in einem gewissen Maße befreit. Dafür fällt ihnen die Aufgabe zu, für die ganze Familie die Außenkontakte zu organisieren – also Kontakte mit dem, was man Gesellschaft nennt. Je mehr Pflichten der ersteren Art wegfallen, desto stärker entwickeln sich die der letzteren: Essenseinladungen, Konzerte, Abendgesellschaften, morgendliche Besuche, Briefeschreiben und alles, was damit zusammenhängt. Hinzu kommt die überaus anspruchsvolle Verpflichtung, die die Gesellschaft exklusiv den Frauen auferlegt, nämlich die, charmant zu sein. Eine intelligente Frau der höheren Gesellschaft ist nahezu vollständig damit ausgelastet, sich ansprechende Umgangsformen und gepflegte Konversation anzueignen. Um einmal einen Blick auf die Außenseite unseres Themas zu werfen: Der große und ununterbrochen anfallende Anteil an Denktätigkeit, den alle Frauen, die Wert darauf legen, gut angezogen zu sein (ich sage nicht: teuer, aber doch mit Geschmack und Gefühl für das jeweils Angemessene), auf ihre Kleidung verwenden, eventuell auch auf die ihrer Töchter, würde schon genügen, respektable Ergebnisse in Kunst, Wissenschaft oder Literatur zu erzielen, und nimmt tatsächlich viel ihrer Zeit und Geisteskraft [319] in Anspruch.* Um neben dieser Vielzahl

* »Es scheint dasselbe richtige Feingefühl, das einen Künstler befähigt, die *Wahrheit* oder die richtige Idee dessen, was richtig ist, in den Ornamenten wie in den grundlegenderen Prinzipien der Kunst zu finden. Es hat dasselbe Zentrum von Perfektion, auch wenn es das Zentrum eines kleineren Zirkels ist. Um dies an der Kleidermode zu illustrieren, in der man einen guten oder schlechten Geschmack haben kann: Die einzelnen Teile des Anzugs wechseln ständig, von groß zu klein, von kurz zu lang, aber die allgemeine Form bleibt, der Anzug als solcher bleibt relativ konstant, wenn auch nur in wenigen Merkmalen. Auf dieser allgemeinen Form beruht die Mode. Wer Anzüge mit dem besten Erfolg oder von bestem Geschmack erfinden kann, würde wahrscheinlich,

kleiner praktischer Dinge (die ihnen als große eingeredet werden) so viel Muße, Energie und Freiheit des Geistes zu erübrigen, wie für Kunst oder Philosophie aufgewendet werden müssen, müssten sie einen sehr viel größeren Vorrat an Kraft zur Verfügung haben als die Mehrheit der Männer. Doch ist das noch nicht alles. Abgesehen von ihren regelmäßigen Pflichten wird von ihnen erwartet, dass sie jederzeit mit Rat und Tat für alle da sind. Falls ein Mann keinen Beruf hat, der ihn von solchen Anforderungen entschuldigt, aber dennoch einer Beschäftigung nachgeht, beleidigt er niemanden, wenn er seine Zeit wesentlich dieser Beschäftigung widmet. Sie gilt als hinreichende Entschuldigung dafür, dass er nicht auf jedes kleine Anliegen eingeht. Doch gelten die Beschäftigungen einer Frau, insbesondere jene, die sie sich selbst aus freien Stücken in Bezug auf die sogenannten gesellschaftlichen Verpflichtungen gewählt hat, als ebenso hinreichende Entschuldigung? Selten werden selbst noch ihre dringlichsten und anerkanntesten Pflichten als Ausnahme akzeptiert. Es bedarf eines Krankheitsfalls in der Familie oder etwas anderem Außergewöhnlichem, um ihr das Recht zu geben, ihre eigenen Wünsche dem Vergnügen anderer voranzustellen. Sie muss stets für irgendjemanden zur Verfügung stehen, meistens für alle. Wenn sie sich einer Sache konzentriert widmen will, dann muss sie dafür die kurzen Zwischenzeiten nutzen, die ihr ihre sonstigen Beschäftigungen lassen. Eine berühmte Frau bemerkt in einem Werk, von dem

wenn er dasselbe Feingefühl auf höhere Zwecke anwendet, dieselbe handwerkliche Kunst und denselben Geschmack in den höchsten Formen der bildenden Kunst beweisen.« (Sir Joshua Reynolds' *Discourses.*)

ich hoffe, dass es irgendwann einmal veröffentlicht wird, treffend, dass eine Frau alles, was sie tut, *zwischendurch* tut. Ist es verwunderlich, dass sie nicht die höchste Vollkommenheit in Dingen erreicht, die kontinuierliche Aufmerksamkeit erfordern und die Konzentration aller Lebensinteressen auf eine einzige Sache? Ohne diese Konzentration lässt sich keine Philosophie betreiben, vor allem auch keine Kunst. Denn diese erfordert nicht nur intensive gedankliche und emotionale Arbeit, sondern zur Aufrechterhaltung einer hohen technischen Gewandtheit auch eine kontinuierliche Übung der Hand.

Eine weitere Überlegung schließt sich an. In den verschiedenen Künsten und geistigen Disziplinen gibt es einen bestimmten Grad der Könnerschaft, der ausreicht, um von diesen zu leben, und einen noch höheren Grad, der Werke möglich macht, die einen Namen unsterblich machen. Um den ersteren zu erreichen, bedarf es einer Motivation, wie sie bei allen anzutreffen ist, die ihr Fach professionell betreiben. Der zweite wird kaum je [320] erreicht, wo nicht ein glühender Wunsch nach Ruhm hinzukommt oder in einem früheren Lebensabschnitt hinzugekommen war. Weniger reicht gewöhnlich nicht aus, um die Knochenarbeit auf sich zu nehmen, die selbst bei größter natürlicher Begabung erforderlich ist, um die Vollendung zu erreichen, die wir heute in Gestalt der vielen glänzenden Zeugnisse der höchsten Genies vorfinden. Nun – ob aus natürlichen oder künstlichen Ursachen – haben Frauen dies Verlangen nach Ruhm eher selten. Ihre Ambitionen gehen gewöhnlich weniger weit. Ihr Wunsch nach Einfluss richtet sich gewöhnlich auf ihre unmittelbare Umgebung. Sie möchten von denen gemocht, geliebt oder bewundert werden, die sie mit eigenen Augen sehen, und sie geben sich fast immer mit einem Niveau an Wissen, Leistungen und künstlerischer Fertigkeit zufrieden, das dafür hinreicht. Dies ist in der Tat ein Charakterzug, der nicht übersehen werden darf, wenn es darum geht, die Frauen, wie sie sind, angemessen zu beschreiben. Ich bin aber nicht überzeugt, dass dieser Charakterzug Frauen irgendwie wesentlich ist. Er ergibt sich natürlicherweise aus ihren Lebensumständen. Zum Wunsch nach Ruhm werden Männer fortwährend durch Erziehung und öffentliche Meinung ermutigt. Um des Ruhmes willen dem Vergnügen zu entsagen und die Mühen harter Fron auf sich zu nehmen, gilt als Bewährungsprobe für edle Männlichkeit, auch wenn es gelegentlich als ihre »letzte Schwäche« bezeichnet wird, und sie wird zusätzlich schmackhaft gemacht als ein Zugang zu allen möglichen weiteren Verheißungen einschließlich der Gunst der Frauen – während den Frauen ihrerseits diese Verheißungen verschlossen sind und der Wunsch nach Ruhm als unschicklich und unweiblich gilt. Wie könnte es im Übrigen anders sein, als dass sich die Interessen der Frau darauf konzentrieren, einen guten Eindruck auf die zu machen, mit denen sie täglich umgeht? Schließlich verlangt die Gesellschaft ja, dass dies der Kreis ihrer Pflichten ist und es ausschließlich davon abhängt, wie sie sich fühlt. Das natürliche Bedürfnis, von den Mitmenschen anerkannt zu werden, ist bei einer Frau nicht weniger stark als bei einem Mann. Doch die Gesellschaft hat die Dinge so eingerichtet, dass öffentliche Anerkennung in aller Regel nur durch die Anerkennung ihres Ehemanns und ihrer männlichen Verwandten erreichbar ist, während sie an privater Anerkennung verliert, sollte sie sich individuell hervortun oder nicht nur als Anhängsel von Männern in Erscheinung treten. Wer auch nur im Geringsten den Einfluss ermessen kann, den die häusliche und gesellschaftliche Stellung der Frau und ihre Lebensform auf ihr Denken und Fühlen ausüben, wird keine Mühe damit haben, in diesem Einfluss eine vollständige Erklärung für die scheinbaren Unterschiede zwischen Frauen und Männern zu finden, einschließlich derer, die die Frauen unterlegen erscheinen lassen.

Was die moralischen Unterschiede zwischen Frauen und Männern im Unterschied zu den intellektuellen betrifft, so fällt die Differenz gemeinhin zugunsten der Frauen aus. Sie gelten generell als besser als die Männer – ein inhaltsleeres Kompliment, das Frauen von Geist allenfalls ein bitteres Lächeln abringt. Schließlich dürfte es keine andere Lebenslage geben, in der es an der Tagesordnung ist und als ganz natürlich und passend angesehen wird, dass die Besseren den Schlechteren untertan sind. Wenn dieses Gerede zu irgendetwas taugt, dann als männliches Eingeständnis des verderblichen Einflusses der Macht, über die sie verfügen, denn das ist die einzige Wahrheit, die die genannte Tatsache (falls es eine ist) beweist oder veranschaulicht. Und es ist in der Tat so, [321] dass Versklavung (es sei denn, sie nimmt brutale Formen an) zwar für beide Teile korrumpierend ist, aber korrumpierender für den Sklavenhalter als für den Sklaven. Es ist besser für die moralische Natur eines Menschen, wenn er von einer Macht kontrolliert wird, und sei es eine noch so willkürliche, als wenn er frei ist, willkürliche Macht ohne jede Kontrolle auszuüben. Frauen, so sagt man, werden seltener straffällig als Männer – sie tragen einen sehr viel kleineren Teil zur Kriminalstatistik bei. Wahrscheinlich kann man dasselbe mit gleicher Berechtigung von Negersklaven [*negro slaves*] sagen. Wer unter der Kontrolle anderer steht, kann nicht häufig Verbrechen begehen, es sei denn im Auftrag und zu Zwecken seines Herrn. Ich kenne kein bezeichnenderes Beispiel für die Blindheit, mit der die Welt einschließlich der Herde studierter Leute den Einfluss der gesellschaftlichen Verhältnisse ignoriert, als die dümmliche Geringschätzung der intellektuellen Fähigkeiten und die dümmlichen Lobeshymnen auf die moralische Natur der Frauen.

Den schmeichelhaften Redensarten über die überlegene moralische Güte der Frauen kann man die weniger schmeichelhaften über ihre Neigung zu moralischer Parteilichkeit gegenüberstellen. Frauen, so hört man, seien unfähig, ihren persönlichen Voreingenommenheiten zu widerstehen. Ihr Urteil in wichtigen Dingen sei verzerrt durch Sympathie und Antipathie. Angenommen, dass das so ist, so wäre immer noch zu zeigen, dass die Frauen durch ihre persönlichen Gefühle häufiger irregeführt werden als die Männer durch ihre persönlichen Interessen. Der wesentliche Unterschied würde in diesem Fall darin liegen, dass Männer vom Weg der Pflicht und des öffentlichen Interesses durch die Sorge um sich selbst, Frauen (denen nicht erlaubt wird, eigene Interessen zu haben) durch die Sorge um andere abgelenkt werden. Zu berücksichtigen ist auch, dass die Erziehung, die Frauen von der Gesellschaft erhalten, ihnen die Meinung einschärft, sie hätten Pflichten nur gegenüber denen, die mit ihnen in enger Verbindung stehen und diese seien die Einzigen, deren Interessen für sie von Bedeutung sind, während ihnen, soweit es ihre Erziehung betrifft, die elementarsten Voraussetzungen für das Verständnis höherer Interessen und Ideale fehlen. Die Kritik an den Frauen läuft also darauf hinaus, dass sie allzu gewissenhaft die einzige Pflicht erfüllen, die ihnen beigebracht worden ist, und nahezu die einzige Pflicht, die man ihnen zu erfüllen erlaubt.

Wenn Privilegierte Nichtprivilegierten Zugeständnisse machen, steht dahinter zumeist kein anderes Motiv als die Macht der Nichtprivilegierten, diese den Privilegierten abzutrotzen. Deshalb ist zu erwarten, dass Argumente gegen die Privilegien des Geschlechts in der Allgemeinheit so lange wenig ausrichten, wie die Allgemeinheit behaupten kann, dass sich die Frauen über ihre Lage nicht beklagen. Sicher: Diese Tatsache verschafft den Männern die Chance, ihr ungerechtes Privileg etwas länger zu behalten. Doch macht sie es nicht weniger ungerecht. Genau dasselbe kann man von den Frauen in einem orientalischen Harem sagen. Sie beklagen sich nicht darüber, dass sie nicht die Freiheiten europäischer Frauen haben. Sie halten unsere Frauen für unerträglich vorlaut und unweiblich. Wie selten beklagen sich Männer über die allgemeine gesellschaftliche Ordnung! Und wie selten wäre eine solche Klage dann, wenn sie von keiner irgendwo anders bestehenden Ordnung wüssten! Frauen beklagen sich nicht über das allgemeine Schicksal von Frauen – oder vielmehr doch, denn Klagelieder dazu sind in den Schriften von Frauen durchaus verbreitet, insbesondere in Zeiten, in denen man von den Klagen [322] nicht erwarten konnte, dass sie ein praktisches Ziel verfolgten. Diese Klagen sind wie die Klagen, die Männer über die allgemeine Schlechtigkeit des Lebens führen. Sie sind nicht als Tadel oder als Appell gemeint, dass sich etwas ändern soll. Doch obwohl die Frauen nicht über die Macht der Ehemänner im Allgemeinen klagen, klagen sie doch über ihren eigenen Ehemann oder über die Ehemänner ihrer Freundinnen. Ähnliches finden wir in anderen Formen von Knechtschaft, zumindest in den Anfangsstadien der Emanzipation. Anfangs haben sich die Knechte nicht über die Macht ihrer Herren beklagt, sondern nur über deren individuellen Machtmissbrauch. Die Bürger haben zunächst einige städtische Privilegien verlangt, dann eine Befreiung von unfreiwilliger Besteuerung, doch hätten sie es als Anmaßung empfunden, die Alleinherrschaft des Königs in Frage zu stellen. Der Fall der Frauen ist jetzt der einzige Fall, in dem ein Rebellieren gegen die etablierten Regeln noch immer so gesehen wird wie in früheren Zeiten das Rebellieren eines Untertanen gegen seinen König. Eine Frau, die sich einer Bewegung anschließt, die ihr Ehemann missbilligt, macht sich selbst zur Märtyrerin – nicht zum Apostel, denn ihr Mann kann ihrem Aposteltum von Rechts wegen ein Ende machen. Von Frauen kann man nicht erwarten, dass sie sich für die Emanzipation der Frauen einsetzen, solange es keine hinreichende Zahl von Männern gibt, die sich ihnen anschließen.

Viertes Kapitel

[323] Es bleibt eine Frage, die keineswegs unwichtiger ist als die bereits angesprochenen und die von einigen der ungeduldigsten unter unseren Gegnern gestellt werden wird, deren Überzeugungen über den Hauptpunkt bereits leicht ins Wanken geraten sind: Was ist das Gute, das wir von den vorgeschlagenen Änderungen in unseren Institutionen und gesellschaftlichen Normen erwarten dürfen? Angenommen, dass die Frauen frei wären: Ginge es dann der Menschheit besser? Wenn nicht: Warum ihren Seelenfrieden stören und im Namen eines abstrakten Rechts eine soziale Revolution anzetteln?

Es ist kaum zu erwarten, dass diese Frage in Bezug auf die Änderungen gestellt wird, die für die Stellung der Frauen in der Ehe vorgeschlagen worden sind. Das Leiden, die Verbrechen und die Übel aller Art, die in unzähligen Fällen durch die Unterwerfung einzelner Frauen unter einzelne Männer verschuldet worden sind, sind zu entsetzlich, um übersehen zu werden. Gedankenlose oder oberflächliche Menschen, für die nur Extremfälle oder Fälle zählen, die öffentliche Publizität erlangen, mögen sagen, dass es sich bei diesen Übeln um Ausnahmefälle handelt. Doch kann niemand verkennen, dass sie vorkommen und wie schlimm sie in vielen Fällen sind. Und es ist vollkommen klar, dass der Missbrauch der Macht nicht leicht in Schach gehalten werden kann, solange die Macht besteht. Diese Macht wird nicht nur guten Männern oder halbwegs anständigen Männern, sondern allen Männern übertragen, einschließlich den brutalsten und verbrecherischsten. Es gibt kein Gegenmittel gegen diese als den Druck der öffentlichen Meinung, doch diese Männer befinden sich außerhalb der Reichweite jeder anderen Meinung als der von Gleichgesinnten. Würden solche Männer nicht den einen Menschen, der gesetzlich gezwungen ist, alles von ihnen zu ertragen, brutal tyrannisieren, würde sich die Gesellschaft bereits jetzt in einem paradiesischen Zustand befinden. Für ein Gesetz, das die schlimmen Neigungen der Männer in Schranken hält, bestünde keine Notwendigkeit mehr. Astraea wäre nicht nur auf die Erde zurückgekehrt, das Herz der schlimmsten Männer wäre ihr Tempel geworden.

Das Recht der Knechtschaft in der Ehe ist ein Hohn auf alle Prinzipien der modernen Welt und auf die Erfahrungen, angesichts derer diese Prinzipien nach und nach und mit großer Mühe entwickelt worden sind. Nachdem nunmehr die Sklavenhaltung von Negern [*negro slavery*] abgeschafft worden ist, stellt dies den einzigen Fall dar, dass ein Mensch im Vollbesitz seiner Kräfte der Gnade eines anderen Menschen ausgeliefert ist, in der frommen Hoffnung, dass dieser seine Macht ausschließlich zum Besten des Unterworfenen nutzt. Die Ehe ist die einzige Form von Leibeigenschaft, die unser Rechtssystem kennt. Es gibt keine Sklaven mehr außer den Herrinnen aller einzelnen Häuser.

Sollte die Frage *cui bono?* gestellt werden, so wird sie sich also wahrscheinlich nicht auf diesen Aspekt beziehen. Die Gegner werden uns entgegenhalten, dass das Übel das Gute überwiegen würde, doch in Wirklichkeit bleibt das Gute jedoch unbestreitbar bestehen. In Bezug auf die weitergehende Frage, [324] die Beseitigung der Benachteiligung der Frauen – ihrer Anerkennung als Gleichgestellte der Männer in allem, was den bürgerlichen Status betrifft, – gibt es allerdings viele, denen es nicht ausreicht, dass die Ungleichheit nicht als gerecht oder legitim gerechtfertigt werden kann. Sie wollen zusätzlich wissen, welche konkreten Vorteile sie von der Gleichstellung zu erwarten hätten.

Darauf möchte ich als Erstes antworten: den Vorteil, dass die Ehe als das universalste und grundlegendste Verhältnis unter Menschen nach den Grundsätzen der Gerechtigkeit statt der Ungerechtigkeit geregelt wäre. Der ungeheure Vorteil, den das für die menschliche Natur bedeutet, kann für alle, die Worten eine moralische Bedeutung beilegen, durch keine Erklärung oder Veranschaulichung schärfer beleuchtet werden als durch diese schlichte Feststellung. Alle unter den Menschen verbreiteten selbstsüchtigen Neigungen, einseitige Selbstbevorzugungen und Selbstverherrlichungen haben ihre Quelle und Wurzel in der gegenwärtigen Verfassung des Verhältnisses zwischen Mann und Frau und ziehen daraus ihre hauptsächliche Nahrung. Machen wir uns klar, was es für einen Jungen bedeutet, zum Mannesalter mit der Überzeugung heranzuwachsen, dass er ohne jeden Verdienst und ohne jede eigene Anstrengung, und sei er auch der nichtsnutzigste und unproduktivste oder der unwissendste und stupideste Mensch, aufgrund der bloßen Tatsache, dass er männlichen Geschlechts ist, von Rechts wegen jedem einzelnen Mitglied der anderen Hälfte der Menschheit überlegen ist, darin eingeschlossen einige, deren wirkliche Überlegenheit er täglich oder sogar stündlich zu fühlen bekommt. Doch selbst dann, wenn er in seinem Handeln gewohnheitsmäßig unter der Leitung einer Frau steht, denkt er, wenn er ein Narr ist, dass sie ihm selbstverständlich dennoch von Natur aus nicht überlegen ist, und es nicht sein kann, oder, wenn er kein Narr ist, es noch schlimmer kommt und ihm zwar nicht entgeht, dass sie ihm überlegen ist, er sich aber dennoch berechtigt glaubt, über sie zu bestimmen, und sie verpflichtet ist, ihm zu gehorchen. Welchen Einfluss wird diese Lektion auf seinen Charakter haben? Männer der gebildeten Klassen sind sich häufig gar nicht bewusst, wie tief sich diese Überzeugung bei der großen Mehrzahl der Männer in den Gehirnen festgesetzt hat. Denn bei den redlich denkenden und wohlerzogenen Menschen bleibt die Ungleichheit der Geschlechter so weit wie möglich außer Sichtweite, vor allem aus der der Kinder: Jungen müssen ihrer Mutter ebenso gehorchen wie ihrem Vater; sie dürfen ihre Schwestern nicht drangsalieren und sind es nicht gewöhnt, diese gegenüber sich selbst zurückgesetzt zu sehen. Eher im Gegenteil: Die ritterlichen Gefühle werden in den Vordergrund gerückt, während die Knechtschaft, deren Kompensation sie sind, im Hintergrund bleibt. Gut erzogene Jugendliche der höheren Klassen entkommen auf diese Weise häufig zunächst den verderblichen Einflüssen und bekommen sie erst dann zu spüren, wenn sie, zu Männern herangewachsen, die Herrschaft der tatsächlichen Verhältnisse kennenlernen. Die Menschen sind sich nicht recht im Klaren darüber, in welch frühem Alter sich in einem Jungen, der anders aufgezogen worden ist, die Überzeugung von seiner selbstverständlichen Überlegenheit über Mädchen einnistet – wie sie mit seinem Wachstum wächst und mit seiner zunehmenden Stärke erstarkt; wie sie von dem einen Schuljungen auf den anderen übertragen wird; wie früh er sich seiner Mutter überlegen fühlt, der er vielleicht nachsichtiges Verständnis entgegenbringt, aber keinen Respekt; und vor allem, wie großartig und paschahaft er sich gegenüber der Frau fühlt, der er die Ehre erweist, mit ihm eine lebenslange Verbindung einzugehen. Kann man sich vorstellen, dass das ohne Pervertierung der ganzen Lebensweise des Mannes abgehen kann, sowohl als Individuum als auch als [325] Mitglied der Gesellschaft? Der Fall hat seine genaue Entsprechung in der Überzeugung des Königs in einer erblichen Monarchie, er sei aufgrund seiner bloßen Geburt allen anderen an Vollkommenheit überlegen, oder zur entsprechenden Überzeugung eines Aristokraten. Die Beziehung zwischen Ehemann und Ehefrau ist dem zwischen Herrn und Vasall analog, mit dem alleinigen Unterschied, dass die Frau zu noch grenzenloseren Gehorsam verpflichtet ist, als es der Vasall war. Wie sehr auch der Charakter des Vasallen durch seine Unterordnung geprägt war – sei es zum Besseren oder zum Schlechteren: Niemand kann bezweifeln, dass der Charakter des Herrn durch das Herrschen eindeutig zum Schlechteren geprägt wurde. Wie hätte er je auf den Gedanken kommen können, dass seine Vasallen besser sind als er selbst oder dass er in eine Position gelangt ist, in der er über Menschen herrscht, die ebenso gut wie er selbst sind, ohne dafür gearbeitet oder sich irgendwelche Verdienste erworben zu haben – außer, wie Figaro sagt, dem, geboren zu werden. Die Selbstverherrlichung des Mannes steht der des Monarchen oder des Feudalherrn in nichts nach. Menschen wachsen nicht mit unverdienten Privilegien auf, ohne sich damit zu brüsten. Es sind immer nur wenige – doch sind es die Besten –, die durch Privilegien, die sie sich nicht durch Verdienst erworben haben und die sie als unverhältnismäßig ansehen, mit Demut erfüllt werden. Die übrigen erfüllen Privilegien mit Stolz – einer schlimmen Art von Stolz, Stolz, der sich zufällige Vorteile zugutehält, für die man nichts getan hat. Wenn das Gefühl, über der Gesamtheit des anderen Geschlechts zu stehen, mit persönlicher Macht über eine Einzelne dieses Geschlechts zusammengeht, kann diese Situation für die, deren charakterlichen Stärken Gewissenhaftigkeit und Zuneigung sind, zu einer Schule der gewissenhaften und liebevollen Nachsicht werden. Für Männer von einem anderen Schlag ist sie stattdessen eine regelrechte Akademie zur Einübung von Arroganz und Tyrannei – Untugenden, die die Männer zwar so weit in Schach halten, als sie sicher sind, bei anderen Männern ihresgleichen auf Widerstand zu stoßen, die sie jedoch gegenüber allen ausleben, die nicht anders können als sie über sich ergehen zu lassen, und mit denen sie sich häufig an der unglücklichen Ehefrau für die unfreiwillige Zurückhaltung rächen, die sie anderweitig gezwungenermaßen üben müssen.

Das schlechte Beispiel und die Fehlleitung der Gefühle, die damit einhergehen, dass man das häusliche Leben auf eine Beziehung gründet, die zu den obersten Prinzipien der sozialen Gerechtigkeit im Widerspruch steht, muss angesichts der Natur des Menschen einen so durch und durch pervertierenden Einfluss haben, dass es kaum möglich zu sein scheint, sich auf der Grundlage unserer gegenwärtigen Erfahrung vorzustellen, eine wie große Veränderung zum Besseren die Beseitigung dieses Verhältnisses bewirken würde. Alles, was Erziehung und Zivilisierung tun, um den Einfluss des Gesetzes der Macht des Stärkeren auf den Charakter auszulöschen und durch den des Gesetzes der Gerechtigkeit zu ersetzen, bleibt oberflächlich, solange die Zitadelle des Feindes nicht attackiert wird. Das Prinzip des modernen Denkens in Moral und Politik ist, dass allein das, was Menschen tun, ihnen zu Achtung verhilft; dass nicht das, was Menschen sind, sondern was sie tun, ihren Anspruch auf Hochachtung begründet; und insbesondere, dass Verdienst und nicht Geburt zu Macht und Ansehen berechtigt. Wenn einem Menschen keine Autorität über einen anderen Menschen erlaubt wäre, die nicht ihrer Natur nach vorübergehend ist, wäre die Gesellschaft nicht [326] damit beschäftigt, mit der einen Hand Neigungen aufzubauen, die sie mit der anderen zurücknehmen muss. Das Kind würde wirklich zum ersten Mal in der Menschheitsgeschichte so erzogen, wie es sich später verhalten soll, und es bestünde eine Chance, dass es sich als Erwachsener daran hält. Doch solange das Herz der Gesellschaft vom Recht des Stärkeren über den Schwächeren regiert wird, wird der Versuch, das gleiche Recht des Schwächeren zum Prinzip des Verhaltens zu machen, zur Sisyphusarbeit, und das Gesetz der Gerechtigkeit, das auch das des Christentums ist, wird niemals die innersten Gefühle des Menschen erobern – sie werden gegen es anarbeiten, auch wenn sie sich ihm scheinbar beugen.

Der zweite Vorteil, der zu erwarten ist, wenn den Frauen der freie Gebrauch ihrer Fähigkeiten gewährt wird, ihnen bei der Wahl ihrer Beschäftigungen freie Wahl gelassen wird und ihnen dieselben Betätigungsfelder und dieselben Prämien und Anreize wie anderen Menschen offenstehen, liegt in der Verdoppelung der geistigen Fähigkeiten zum höheren Nutzen der Menschheit. Wo heute eine einzige Person qualifiziert ist, der Menschheit zu Diensten zu sein und den allgemeinen Fortschritt zu befördern – als öffentlicher Lehrer oder Verwalter öffentlicher und gesellschaftlicher Angelegenheiten –, bestünde die Aussicht, dass es zwei werden. Geistige Fähigkeiten jeder Art sind gegenwärtig ein knappes Gut, das weit hinter dem Bedarf zurückbleibt, und es fehlt so sehr an Menschen mit der Kompetenz für anspruchsvollere, qualifiziert auszuführende Tätigkeiten, dass die Welt mit dem Verzicht auf die Hälfte der Talente, die sie besitzt, erheblich verliert. Natürlich gehen diese Talente gegenwärtig nicht vollständig verloren. Viele davon werden im Haushalt sowie in den wenigen Frauen offenstehenden Berufen genutzt und würden in jedem Fall weiterhin genutzt werden, und vieles von den restlichen Talenten wird indirekt, durch den persönlichen Einfluss individueller Frauen auf individuelle Männer genutzt. Aber dieser Nutzen ist einseitig, er umfasst nur einen eng umschriebenen Bereich. Und wenn er von der Summe der Erneuerungskräfte, die aus der Befreiung der einen Hälfte des menschlichen geistigen Potentials entstünden, fairerweise abgezogen werden muss, muss auf der anderen Seite der Nutzen der stimulierenden Wirkung hinzugezählt werden, die der Wettbewerb mit den Frauen auf den männlichen Verstand hätte – oder (um es treffender zu sagen) die Notwendigkeit für die Männer, sich den Vorrang, bevor sie ihn erhalten, erst einmal zu verdienen.

Dieser große Zuwachs an geistiger Kraft, den die Menschheit erlangen würde, sowie an intellektuellem Potential für die gute Regelung ihrer Angelegenheiten, würde ihr zu einem Teil aus der besseren und vollständigeren Verstandesbildung der Frauen erwachsen, die sich *pari passu* mit der der Männer verbessern würde. Die Frauen würden allgemein so aufgezogen, dass sie dasselbe Verständnis für

Wirtschaft, öffentliche Angelegenheiten und Wissenschaften entwickeln wie Männer derselben gesellschaftlichen Klasse, und die Eliten beider Geschlechter, die nicht nur nachvollziehen können, was andere tun oder denken, sondern selbst etwas Beachtliches tun oder denken können, würden in dem einem wie in dem anderen Geschlecht dieselben Möglichkeiten haben, ihre Fähigkeiten zu vervollkommnen und zu üben. Auf diese Weise würde sich die Ausweitung der Sphäre, in der sich Frauen betätigen können, für alle vorteilhaft auswirken. Ihre Bildung würde [327] auf das Niveau der Männer gehoben, und sie würden an allen Verbesserungen der Bildung, die Männer genießen, teilhaben. Doch unabhängig davon hätte das Niederreißen der heute bestehenden Barriere bereits für sich genommen einen hohen erzieherischen Wert. Es wäre die Verabschiedung von der Idee, dass alles, was Gegenstand des über das Einzelne hinausreichenden Denkens und Handelns ist, also alles, was von allgemeinem und nicht nur von privatem Interesse ist, Männersache ist und Frauen davon abgehalten werden müssen, meistenteils durch ausdrückliche Verbote oder lediglich geduldet. Das Bewusstsein, das eine Frau hätte, ein Mensch wie jeder andere zu sein, würde sie dazu berechtigen, ihre Lebensziele selbst zu wählen, aufgrund derselben Anreize, die alle anderen ebenso haben, sich für das zu interessieren, was Menschen interessiert, berechtigte sie, ihre Meinung über alle menschlichen Angelegenheiten ebenso geltend zu machen wie alle anderen, unabhängig davon, ob sie sich aktiv darin betätigen würde oder nicht: Alles dies würde sich bereits für sich genommen in einer unermesslichen Steigerung der weiblichen Fähigkeiten und einer Erweiterung des Horizonts ihres Denkens und Fühlens in moralischer Hinsicht auswirken.

Außer dem Zuwachs an individuellem Talent für die Führung der menschlichen Angelegenheiten, das sicherlich heute nicht so üppig zur Verfügung steht, dass man es sich leisten könnte, auf die Hälfte des von der Natur Angebotenen zu verzichten, ist anzunehmen, dass sich die Meinungen der Frauen dann zwar nicht stärker, aber doch wohltätiger auf das menschliche Denken und Fühlen insgesamt auswirken würden. Ich sage »wohltätiger« und nicht »stärker«, denn der Einfluss der Frauen auf das allgemeine Meinungsklima war stets – oder besser seit dem Anfang der bekannten Geschichte – beträchtlich. Der Einfluss der Mütter auf den frühen Charakter ihrer Söhne und der Wunsch junger Männer, sich jungen Frauen anzuempfehlen, haben in der gesamten überlieferten Geschichte für die Charakterbildung eine große Rolle gespielt und waren entscheidende Schritte im Fortschrittsprozess der Zivilisation. Bereits im homerischen Zeitalter war αἰδώς gegenüber den Τρωάδας ἑλκεσιπεπλους beim großen Hektor ein anerkanntes und mächtiges Handlungsmotiv. Der Einfluss der Frauen äußerte sich dabei auf zweierlei Weise. Erstens war es ein mildernder Einfluss. Die Frauen, die am ehesten Gefahr liefen, zum Opfer von Gewalt zu werden, neigten natürlicherweise dazu, diese zu beschränken und ihre Auswüchse abzumildern. Weil ihnen das Kämpfen nicht beigebracht worden war, neigten sie zu anderen Praktiken, wenn es darum ging, Streitigkeiten auszutragen. Im Allgemeinen waren die, die am meisten unter dem Ausleben egoistischer Leidenschaften litten, die ernsthaftesten Befürworter moralischer Gesetze, die eine Chance boten, diese Leidenschaften zu zügeln. In der Zeit der Völkerwanderungen hatten Frauen einen erheblichen Anteil daran, die aus dem Norden kommenden Eroberer zum Christentum zu bekehren – ein Glaube, der Frauen mehr entgegenkommt als jeder andere, der ihm vorangegangen war. Die Bekehrung der Angelsachsen und der Franken hat mit den Ehefrauen von Ethelbert und Chlodwig angefangen. Die andere Art und Weise, in denen [328] sich das weibliche Denken ausgewirkt hat, bestand darin, diejenigen Qualitäten in Männern zu stimulieren, die sie, da sie selbst ungeübt darin waren, in den Männern als ihren Beschützern finden mussten. Mut und die übrigen kriegerischen Tugenden verdankten sich zu allen Zeiten in hohem Maße dem männlichen Wunsch, von Frauen bewundert zu werden. Und dieser Anreiz reicht weit über die diese bewundernswerte Klasse von Qualitäten hinaus. Denn ihre herausgehobene Stellung hat sich natürlicherweise so ausgewirkt, dass der beste Weg, die Bewunderung und Gunst der Frauen zu erlangen, das Ansehen war, das ein Mann bei anderen Männern genoss. Aus der Kombination dieser zwei Arten von Einfluss der Frauen auf die Männer entstand der Geist der Ritterlichkeit – dessen Besonderheit darin besteht, dass er die Ziele der Vervollkommnung der kriegerischen Qualitäten mit denen einer gänzlich anderen Art von Tugend verbindet, nämlich in der Sanftheit, der Großmut und der Selbstverleugnung gegenüber unkriegerischen und wehrlosen Menschen allgemein und in einer besonderen Ergebenheit und Verehrung gegenüber Frauen. Diese unterschieden sich von anderen wehrlosen Menschen dadurch, dass sie denen, die sich um ihre Gunst bemühten, aus freien Stücken hohe Belohnungen gewähren konnten, und das war befriedigender, als ihre Unterwerfung gewaltsam zu erzwingen. Obwohl die Praxis der Ritterlichkeit noch beklagenswerter hinter der Theorie zurückblieb, als die Praxis üblicherweise hinter der Theorie, bleibt diese Tugend eine der kostbarsten Monumente der Moralgeschichte unserer Gattung – als ein bemerkenswertes Beispiel für einen gemeinschaftlichen und organisierten Versuch einer weithin desorganisierten und zerrissenen Gesellschaft, ein moralisches Ideal lange vor der Entstehung der ihm entsprechenden gesellschaftlichen Verhältnisse und Institutionen zu etablieren und in die Praxis umzusetzen. Auch wenn es in seinem Hauptziel gescheitert ist, war es niemals ganz ohne Wirkung und hat einen fühlbaren und zum größten Teil höchst wertvollen Eindruck in den Anschauungen und Gefühlen der nachfolgenden Epochen hinterlassen.

Das Ideal der Ritterlichkeit stellt den Gipfelpunkt des Einflusses weiblicher Gefühle auf die moralische Bildung der Menschheit dar. Und sollten die Frauen in ihrer untergeordneten Stellung verbleiben, wäre das Verschwinden der ritterlichen Tugenden bedauerlich, denn einzig sie sind in der Lage, die demoralisierenden Wirkungen der erhöhten Stellung abzumildern. Allerdings ist es durch die Veränderungen im allgemeinen Zustand der Gattung unausbleiblich geworden, an die Stelle des ritterlichen ein gänzlich anderes moralisches Ideal zu setzen. Ritterlichkeit war der Versuch, moralische Elemente in einen Zustand der Gesellschaft einfließen zu lassen, in denen alles von individueller militärischer Tüchtigkeit abhing, und diese dem mildernden Einfluss der Sanftmut und Großmut des Einzelnen zu unterwerfen. In modernen Gesellschaften entscheidet sich alles, einschließlich der militärischen Sphäre, nicht nach der jeweiligen individuellen Anstrengung, sondern nach der Mobilisierung von Massen, und die Hauptbeschäftigung der Gesellschaft hat vom Kämpfen zum Handeltreiben und vom Militärischen zum Industriellen gewechselt. Die Anforderungen des neuen Lebens schließen die Tugenden der Großmut ebenso wenig aus wie die des alten, doch hängen sie nicht mehr zur Gänze von ihnen ab. Die wesentlichen Grundlagen des moralischen Lebens der modernen Ära müssen Gerechtigkeit und Klugheit sein, die Verpflichtung eines jeden, die Rechte jedes anderen zu achten, und die Befähigung eines jeden, für sich selbst zu sorgen. Die ritterliche Kultur hinterließ, ohne auf rechtliche Grenzen zu stoßen, eine ganze Reihe von Übeln, die ungestraft die ganze Gesellschaft erfassten. Nur wenige wurden von ihr ermutigt, das Rechte statt [329] des Unrechten zu tun, und dann auch nur durch die Richtung, die sie der gesellschaftlichen Praxis von Lob und Bewunderung vorgab. Als eigentliche Stütze der Moral kommen jedoch stets nur Strafsanktionen und ihre Fähigkeit in Frage, vom Übeltun abzuschrecken. Die Sicherheit der Gesellschaft kann nicht allein darauf gegründet werden, dass dem Tun des Rechten Ehre erwiesen wird – ein bei den meisten vergleichsweise schwaches Motiv und bei sehr vielen ohne jede Wirkung. Die moderne Gesellschaft vermag Unrecht in allen ihren verschiedenen Bereichen allein dadurch zu unterdrücken, dass sie die überlegene Stärke ausspielt, die ihr der Prozess der Zivilisation verschafft hat. Nur so macht sie den schwächeren Mitgliedern der Gesellschaft (die nicht länger wehrlos sind, sondern vom Recht geschützt werden) das Leben erträglich, ohne auf die ritterlichen Gefühle derer vertrauen zu müssen, die sie andernfalls tyrannisieren könnten. Die Schönheiten und Anmutigkeiten des ritterlichen Typus sind immer noch das, was sie einmal waren. Doch die Rechte der Schwächeren und die allgemeine Erleichterung des Lebens stehen jetzt auf einem sehr viel sichereren und verlässlicheren Fundament – mit Ausnahme des Ehelebens.

Gegenwärtig ist der moralische Einfluss der Frauen immer noch ein Faktor. Er ist allerdings nicht mehr so ausgeprägt und spezifisch, sondern nahezu vollständig in dem allgemeinen Einfluss der öffentlichen Meinung aufgegangen. Doch durch die Ansteckungswirkung des Mitgefühls und durch das Bestreben der Männer, vor den Frauen zu glänzen, sind die weiblichen Gefühle doch weiterhin in hohem Maße wirksam, indem sie die Überreste des ritterlichen Ideals lebendig erhalten und die Tradition und die Gefühlsrichtungen der Begeisterungsfähigkeit und der Großmut fortführen. In Bezug auf Charakterstärke ist ihr Standard höher als der der Männer, in Bezug auf Gerechtigkeit etwas niedriger. Über die privaten Beziehungen kann man anführen, dass ihr Einfluss im Allgemeinen dahin geht, die sanfteren Tugenden zu er- und die strengeren zu entmutigen, obwohl hierbei alle Einschränkungen zu berücksichtigen sind, die von dem jeweiligen individuellen Charakter abhängen. Bei den Hauptprüfungen, die die Tugend in den Dingen des Lebens zu bestehen hat – dem Konflikt zwischen Prinzip und Interesse – ist der Einfluss der Frauen eher gemischter Natur. Ist das relevante Prinzip zufällig eines von den wenigen, die ihnen im Lauf ihrer religiösen oder moralischen Erziehung eingeprägt worden ist, sind sie mächtige Helfer der Tugend, und ihre Ehemänner und Söhne werden von ihnen oft zu einer Selbstverleugnung gebracht, zu der sie ohne diesen Stimulus nicht fähig wären. Doch bei der gegenwärtig üblichen Erziehung und Stellung der Frau decken die ihnen vermittelten moralischen Prinzipien nur einen verhältnismäßig kleinen Teil des Feldes der Tugend ab und sind darüber hinaus hauptsächlich negativ. Sie verbieten bestimmte Handlungen, haben jedoch wenig mit der allgemeinen Ausrichtung des Denkens und der Lebensziele zu tun. Es muss leider gesagt werden, dass Uneigennützigkeit in der allgemeinen Lebensführung – die Verwendung der Energien auf Zwecke, die keine Aussicht auf private Vorteile für die Familie bieten – nur sehr selten durch weiblichen Einfluss ermutigt oder unterstützt wird. Man wird sie nicht dafür tadeln können, dass sie von Unternehmungen abraten, deren Nutzen sie nicht zu sehen gelernt haben und die ihre Männer ihnen und den Interessen ihrer Familie entziehen. Dies hat zur Folge, dass sich der weibliche Einfluss auf die in öffentlichen Belangen geübte Tugend häufig alles andere als günstig auswirkt.

Zugegeben: Frauen haben einen gewissen Einfluss auf das öffentliche moralische Klima. Ihr Wirkungskreis ist bereits jetzt weiter, als er es war, und eine [330] beträchtliche Zahl von ihnen sind in Projekten jenseits der eigenen Familie und des eigenen Haushalts praktisch tätig. Der weibliche Einfluss macht sich insbesondere in zwei der charakteristischsten Merkmale des modernen europäischen Lebens bemerkbar: der Ablehnung des Krieges und der Begeisterung für die Philanthropie. Beides ausgezeichnete Eigenschaften. Aber auch wenn der weibliche Einfluss auf die Beförderung dieser Gesinnungen im Allgemeinen seinen Wert haben mag, stiftet doch die konkrete Richtung, die er ihnen gibt, unglücklicherweise mindestens ebenso oft Schaden wie Nutzen. Speziell auf der philanthropischen Seite sind es zwei Bereiche, auf die sich die Frauen hauptsächlich geworfen haben, nämlich das religiöse Missionieren und die Wohltätigkeit. Religiöses Missionieren im Familienkreis ist nur ein anderes Wort für die Verschärfung religiöser Streitigkeiten. Außerhalb der Familie handelt es sich gewöhnlich um ein blindes Jagen nach dem Ziel, blind für die fatalen Folgen – für diese wie für alle anderen Ziele – der eingesetzten Mittel. Bei der Wohltätigkeit liegen die unmittelbaren Folgen für die direkt Betroffenen häufig im Widerstreit mit den entfernteren Folgen für das Gemeinwohl. Die Erziehung der Frauen – eine Erziehung der Gefühle eher als des Verstands – und die ihrem ganzen Leben eingeprägte Gewohnheit, auf die unmittelbaren Folgen für bestimmte einzelne Menschen und nicht auf die entfernteren Folgen für ganze Klassen von Menschen zu sehen, macht sie unfähig, die letztlich schlechten Folgen jeder Form von Wohltätigkeit oder Philanthropie, die sich ihrem Mitgefühl anempfiehlt, zu sehen, und unwillig, sie zuzugeben. Die große und fortwährend zunehmende Menge an unaufgeklärter und kurzsichtiger Wohltätigkeit, die, indem sie den Menschen die Sorge für ihr eigenes Leben abnimmt und sie von den unangenehmen Folgen ihrer eigenen Handlungsweisen entlastet, die Grundlagen von Selbstachtung, Selbsthilfe und Selbstkontrolle zerstört und damit den wesentlichen Bedingungen von individuellem Wohlstand wie von sozialer Tugend. Diese Verschwendung von Ressourcen und Wohlwollen auf das Tun von Schädlichem statt von Nützlichem schwillt durch die Beiträge von Frauen gewaltig an und wird durch ihren Einfluss mächtig gestützt. Nicht, dass dies ein Fehler ist, zu dem Frauen neigen, die mit der praktischen Umsetzung der Wohltätigkeitsprogramme befasst sind. Es kommt vor, dass Frauen, die öffentliche Spendengelder verteilen – mit derjenigen Klarsichtigkeit für das Gegebene und insbesondere für das Denken und Fühlen derer, mit denen sie unmittelbar in Kontakt kommen, worin Frauen die Männer im Allgemeinen übertreffen –, in klarster Weise den demoralisierenden Effekt der gegebenen Almosen oder der geleisteten Hilfe erkennen und über diese Tatsache viele männliche politische Ökonomen belehren könnten. Doch wie soll man von Frauen, die spenden, aber nicht damit konfrontiert werden, wie sich ihre Spenden auswirken, erwarten können, dass sie diese Effekte voraussehen? Wie sollte eine Frau in ihrer gegenwärtigen Stellung, die sich mit dieser Stellung arrangiert hat, den Wert der Selbständigkeit würdigen können? Sie ist nicht selbständig. Selbständigkeit ist nichts, was ihr beigebracht worden wäre. Ihr Schicksal ist es, alles von anderen zu bekommen: Warum sollte das, was für sie gut genug ist, für die Armen schlecht sein? Ihre Vorstellung davon, was gut ist, ist die einer von einem Höhergestellten kommenden Wohltat. Sie vergisst, dass sie unfrei ist, während die Armen frei sind; dass wenn man ihnen gibt, was sie brauchen, ohne dass sie sich darum bemühen müssen, man sie nicht dazu zwingen kann, sich darum zu bemühen; [331] dass nicht jeder sich um jeden kümmern kann, sondern dass man die Menschen dazu bringen muss, sich um sich selbst zu kümmern; und dass Hilfe zur Selbsthilfe, sofern die Menschen physisch dazu imstande sind, die einzige Form von Wohltätigkeit ist, die sich am Ende als wohltätig erweist.

Diese Überlegungen zeigen, in eine wie nützliche Richtung der Anteil, den Frauen an der Bildung der öffentlichen Meinung haben, sich infolge der Erweiterung ihrer Bildung und ihrer praktischen Vertrautheit mit den Folgen ihres Einflusses, die mit ihrer gesellschaftlichen und politischen Emanzipation zwangsläufig einhergeht, verändern würde. Noch bemerkenswerter wären allerdings die Verbesserungen, zu denen es unter ihrem Einfluss in ihren jeweiligen Familien kommen würde.

Es wird oft behauptet, dass in den Klassen, die am meisten Versuchungen ausgesetzt sind, die Ehefrau und die Kinder dafür sorgen, dass der Ehemann ehrlich und anständig bleibt, einerseits aufgrund des direkten Einflusses der Frau, andererseits aufgrund seiner Sorge für ihr zukünftiges Wohlergehen. Dies mag wohl so sein, und so ist es zweifellos häufig auch, jedenfalls bei denen, die eher schwach als schlecht sind, und dieser wohltätige Einfluss würde bei einer Rechtsgleichheit von Mann und Frau erhalten bleiben. Er hängt nicht von der Knechtschaft der Frau ab, sondern wird im Gegenteil durch die Verachtung gemindert, die die Männer der unteren Klassen gegenüber denen empfinden, die ihrer Gewalt unterworfen sind. Steigen wir jedoch zu den höheren Schichten auf, begegnen wir ganz anderen Triebkräften. Der Einfluss der Ehefrau geht, soweit er reicht, dahin, den Mann davor zu bewahren, hinter den in dem betreffenden Land geltenden Standard der Ehrbarkeit zurückzufallen. Zugleich geht er dahin, ihn zu hindern, sich über diese zu erheben. Die Ehefrau steht fest an der Seite der öffentlichen Meinung. Ein Mann, der mit einer Frau verheiratet ist, die ihm an Intelligenz nachsteht, wird sie als ein Klotz am Bein, oder schlimmer noch: als

Hemmschuh empfinden, wenn er sich vornimmt, besser zu sein, als es die öffentliche Meinung von ihm verlangt. Jemand, der so verstrickt ist, wird es kaum schaffen, das Niveau höchster öffentlicher Tugend zu erreichen. Falls er sich in seinen Meinungen von denen der Masse unterscheidet – falls er Wahrheiten sieht, die anderen noch nicht gedämmert sind, oder falls er Wahrheiten in seinem Herzen trägt, die zwar dem Namen nach anerkannt werden, denen er jedoch gewissenhafter als gemeinhin üblich nachleben will –, für derartige Gedanken und Wünsche ist die Ehe ein unüberwindbares Hemmnis, es sei denn, er habe das seltene Glück, eine Frau zu haben, die sich ebenso weit über das Durchschnittsniveau erhebt wie er selbst.

Denn erstens erfordert ein solches Streben stets ein Opfer an persönlichen Interessen, entweder an sozialem Ansehen oder an finanziellen Mitteln, vielleicht sogar das Risiko, seinen Lebensunterhalt nicht mehr bestreiten zu können. Diese Opfer und Risiken ist er vielleicht bereit, für sich selbst auf sich zu nehmen, doch wird er zögern, sie seiner Familie aufzuerlegen. Unter Familie sind dabei seine Ehefrau und seine Töchter zu verstehen, denn was seine Söhne betrifft, wird er hoffen, dass seine Söhne wie er selbst fühlen und dass das, worauf er der Sache zuliebe verzichten kann, für sie ebenfalls verzichtbar ist. Aber seine Töchter – ihre Verheiratung könnte davon abhängen. Und seine Frau, die nicht versteht, wofür diese Opfer gut sein sollen – oder, wenn sie sie für berechtigt hält, dies allein in gutem Glauben und um seinetwillen tut –, die in keiner Weise an dem Enthusiasmus oder der Selbstzufriedenheit teilhat, die er selbst fühlen mag, während das, was [332] er zu opfern gedenkt, alles ist, was sie hat: Wird nicht der beste und selbstloseste Mann lange nachdenken, bevor er ihr solches antut? Auch dann, wenn es nicht um die Annehmlichkeiten des Lebens geht, sondern allein das gesellschaftliche Ansehen auf dem Spiel steht, trägt er eine schwere Gewissenslast. Wer immer Frau und Kinder hat, muss sich dem Unmut einer Mrs. Grundy aussetzen. Der Unmut dieser Person mag für ihn leicht zu tragen sein, doch wird das für seine Frau nicht gelten. Er selbst mag über der öffentlichen Meinung stehen oder sich durch die Billigung Gleichgesinnter hinreichend entschädigt sehen. Doch kann er den Frauen, die mit ihm verbunden sind, keine Entschädigung bieten. Die nahezu universale Tendenz der Frauen, ihren Einfluss mit ihrem sozialen Ansehen in eine Waagschale zu werfen, wird ihnen manchmal als Schwäche und kindische Unreife vorgehalten, doch, wie ich meine, zu Unrecht. Die Gesellschaft macht das Leben der Frau, zumindest in den höheren Klassen, zu einer einzigen Übung in Selbstaufopferung. Es erzwingt von ihr eine unablässige Zurückhaltung aller ihrer natürlichen Neigungen, und das einzige, mit dem sie das, was häufig den Namen Martyrium verdient, honoriert, ist gesellschaftliches Ansehen. Dies ist jedoch mit dem ihres Mannes unauflöslich verknüpft, und wie sollte sie es, ohne den Grund dafür nachvollziehen zu können, aufgeben, nachdem sie den vollen Preis dafür bezahlt hat? Sie hat ihr ganzes Leben für dieses Ansehen hingegeben – und ihr Mann wird sie doch nicht einer verschrobenen Idee, einer Exzentrizität zuliebe opfern wollen, etwas, was die Welt weder anerkennt noch zulässt, was die Welt wie sie selbst für eine Verrücktheit, wenn nicht sogar für etwas Schlimmeres hält! Mit diesem Dilemma sehen sich jene verdienstvollen Männer am härtesten konfrontiert, die zwar nicht so viel Talent besitzen, dass sie unter ihren Gleichgesinnten eine führende Rolle spielen, die aber aus Überzeugung an ihrer Meinung festhalten und sich ihr nach Ehre und Gewissen verpflichtet fühlen; die ihre Überzeugung freimütig bekennen und für alles, was ihrer Verbreitung dient, Zeit, Arbeitskraft und Mittel opfern. Am schlimmsten ist es, wenn solche Männer einen gesellschaftlichen Rang innehaben, der ihnen weder von selbst Zutritt zur besseren Gesellschaft verschafft noch sie von selbst aus dieser ausschließt, sondern wenn der Zugang allein davon abhängt, was man über sie als Person denkt. Wie immer tadellos Herkunft und Betragen sein mögen: Die Tatsache, dass sie mit Meinungen und öffentlichem Auftreten identifiziert werden, die die gesellschaftlich tonangebenden Kreise für unannehmbar halten, würde sie effektiv ausschließen. Manche Frauen schmeicheln sich (neun von zehn zu Unrecht), dass nichts sie und ihren Ehemann daran hindert, in der höchsten Gesellschaft ihrer Umgebung – der Gesellschaft, in der sich Personen ihrer Bekanntschaft und aus derselben Schicht bewegen – zu verkehren, außer dass ihr Mann unglücklicherweise ein Nonkonformist ist oder in dem Ruf steht, einer radikalen politischen Partei anzugehören. Das, denkt sie, hindert George daran, ein Amt oder eine Stelle zu bekommen, Caroline, eine vorteilhafte Partie zu machen, und sie und ihren Mann daran, Einladungen [333] oder vielleicht auch Ehren zu erhalten, die sie, soweit sie sieht, nicht weniger verdient haben als andere. Mit dieser Macht im jedem einzelnen Haus, entweder aktiv ausgeübt oder nicht ausdrücklich zugestanden, dafür aber umso wirksamer: Muss man sich wundern, dass die Menschen in jener Mittelmäßigkeit der Respektabilität niedergehalten werden, die dabei ist, zu einem Markenzeichen der gegenwärtigen Epoche zu werden?

Es gibt einen weiteren verderblichen Effekt, den es zu bedenken gilt, nicht direkt in Bezug auf die Benachteiligung der Frauen, aber im Umfeld jener Unterschiede, die diese Benachteiligung zwischen der Erziehung und dem Charakter von Frauen und Männern bewirkt. Nichts kann für das Ideal des Ehelebens, die Übereinstimmung in Denken und Neigungen ungünstiger sein als diese Unterschiede. Eine innige Gemeinschaft zwischen Menschen, die einander radikal unähnlich sind, ist ein Hirngespinst. Unähnlichkeit mag anziehend sein, doch Ähnlichkeit ermöglicht eine stabile Beziehung, denn der Ähnlichkeit proportional ist die Fähigkeit, sich wechselseitig glücklich zu machen. Angesichts der gegenwärtigen Unähnlichkeit zwischen Frau und Mann kann es nicht verwundern, wenn egoistische Männer das Bedürfnis verspüren, die absolute Macht in der Hand zu behalten und einem lebenslangen Kampf der Neigungen von Anfang an dadurch zuvorzukommen, dass sie jede aufkommende Frage zugunsten ihres eigenen Interesses entscheiden. Wenn Menschen radikal ungleich sind, dann kann es keine wirkliche Interessengleichheit geben. Häufig weichen die Eheleute in ihren Gewissensüberzeugungen voneinander ab und sind sich über die höchsten Punkte der Pflicht uneins. Kann es, wo dies der Fall ist, eine echte eheliche Verbindung geben? Dieser Fall ist keineswegs ungewöhnlich, solange die Ehefrau Charakterfestigkeit besitzt. In katholischen Ländern kommt er ziemlich häufig vor, wenn sie Unterstützung von der einzigen anderen Autorität erhält, der sich zu beugen man ihr beigebracht hat, nämlich dem Priester. Mit der üblichen Unverschämtheit der Macht, die nicht daran gewöhnt ist, sich in Frage gestellt zu sehen, haben sich protestantische und liberale Autoren daran gemacht, den Einfluss der Priester auf die Frauen zu kritisieren, weniger deshalb, weil er für sich genommen schlecht sei, sondern weil er als eine zweite Autorität neben der des Ehemanns auftrete und damit eine Revolte gegen dessen Unfehlbarkeit bedeutet. In England kommt es gelegentlich zu ähnlichen Konflikten, wenn sich eine evangelische Frau mit einem Mann einer anderen Konfession zusammentut, doch gewöhnlich beseitigt man diese mögliche Quelle von Streitigkeiten dadurch, dass man den Kopf der Frauen so zurechtstutzt, dass sie keine anderen Meinungen haben als die, die auch Mrs. Grundy hat, oder die, die ihnen ihre Ehemänner einreden. Allerdings kann auch ohne Verschiedenheiten in den Meinungen bereits die Verschiedenheit des Geschmacks ausreichen, die Chancen auf ein glückliches Eheleben zu mindern. Und obwohl sie auf die amourösen Neigungen der Männer anregend wirken mögen, führt es nicht zu ehelichem Glück, die Unterschiede in der Erziehung der Geschlechter, was immer ihre ursprünglichen Unterschiede sein mögen, zu übertreiben. Sind die Eheleute wohlerzogen und wohlgesittete Menschen, duldet der eine des anderen Geschmack – aber ist Duldung das, was man von der Ehe erhofft? Unterschiede in den Neigungen werden die Wünsche der Gatten natürlicherweise unterschiedlich ausfallen lassen, wenn sie nicht durch Zuneigung oder Pflicht in so gut wie allen aufkommenden häuslichen Fragen zurückgehalten werden. Wie sehr werden sich die Wünsche voneinander unterscheiden, die den jeweils gewünschten gesellschaftlichen Umgang betreffen! Jeder wird sich Bekannte wünschen, die die eigenen Vorlieben teilen. Die dem einen angenehm sind, werden dem anderen gleichgültig oder sogar unangenehm sein, und damit kommen nur die Bekanntschaften in Betracht, die beiden genehm sind, denn Eheleute [334] bewohnen heute nicht mehr verschiedene Teile des Hauses und haben nicht mehr gänzlich verschiedene Besuchslisten wie noch unter Ludwig XV. Sie können auch nicht verhindern, dass sie hinsichtlich der Erziehung der Kinder unterschiedliche Vorstellungen haben. Jeder wird sich wünschen, in ihnen ihren eigenen Geschmack und ihre eigenen Gesinnungen wiederzufinden, und es kommt entweder zu einem Kompromiss, der jeden nur halb befriedigt, oder die Frau gibt nach – oft mit schmerzlichem Bedauern – und hintertreibt die Absichten des Ehemanns im Verborgenen, absichtlich oder unabsichtlich.

Freilich wäre es unsinnig anzunehmen, dass diese Verschiedenheiten in Ansichten und Neigungen nur deshalb existieren, weil Frauen anders als Männer erzogen werden, und dass es unter irgendwie vorstellbaren anderen Umständen keine Geschmacksunterschiede mehr geben würde. Doch ist nicht übertrieben zu behaupten, dass die Verschiedenheit der Erziehung diese Verschiedenheiten unendlich verschärft und ganz und gar unvermeidbar macht. Solange Frauen so erzogen werden, wie es gegenwärtig der Fall ist, werden Mann und Frau in alltäglichen Dingen nur selten bei dem anderen eine wirkliche Übereinstimmung in Vorlieben und Wünschen finden. Sie werden es in der Regel als hoffnungslos aufgeben und auf den Versuch verzichten, bei dem engsten Vertrauten ihres täglichen Lebens jenes *idem velle, idem nolle* zu finden, das anerkanntermaßen das einigende Band jeder echten Gemeinschaft ist. Oder der Mann schafft es, eine solche Gemeinschaft herzustellen, indem er sich eine Frau wählt, die eine solche Null ist, dass sie kein *velle* oder *nolle* kennt und sich ihre Wünsche von anderen vorgeben lässt. Doch selbst dieses Kalkül geht öfter nicht auf, und Stumpfheit und Unlebendigkeit sind keine Garantie für die Unterwürfigkeit, die er möglicherweise allzu vertrauensselig von ihr erwartet. Doch wenn doch: Sieht so die ideale Ehe aus? Was bekommt der Mann von der Ehe – außer einer höheren Magd, einer Betreuerin oder einer Geliebten? Wenn im Gegenteil jeder der beiden kein Nichts, sondern ein Etwas ist, und wenn sie einander zugetan und von Anfang an nicht allzu ungleich sind, können sie, indem sie an denselben Dingen teilhaben, unterstützt von Mitgefühl, die in dem anderen schlummernden Potentiale zutage fördern, sich für Dinge interessieren, die zuerst nur für den einen interessant waren, so dass sich die Vorlieben und Charakterzüge allmählich angleichen und jeder von beiden die Vorlieben und Fähigkeiten des anderen zusätzlich zu seinen eigenen erwirbt. Dies geschieht häufig zwischen Freunden desselben Geschlechts, die große Teile ihres Alltagslebens miteinander teilen. Und es wäre auch in der Ehe ein häufiger, wenn nicht sogar der häufigste Fall, würde nicht die gänzlich verschiedene Erziehung der beiden Geschlechter eine wirklich funktionierende Gemeinschaft so gut wie unmöglich machen. Wäre dem abgeholfen, käme es zumindest, wie groß die Unterschiede im individuellen Geschmack auch immer bleiben mögen, im Idealfall zu einer vollständigen Einheit und Einmütigkeit hinsichtlich der großen Lebensziele. Sollten sich beide für große Ziele engagieren und sich wechselseitig in allem, was diese betrifft, unterstützen und ermutigen, verlieren die kleinen Dinge, in denen ihre Vorlieben voneinander abweichen, an Bedeutung: Die Verbindung hat eine solide und dauerhafte Freundschaft zur Grundlage und macht mehr als alles andere wahrscheinlich, dass es ein ganzes Leben lang für den einen eine größere Freude ist, dem anderen Freude zu bereiten als sie von dem anderen bereitet zu bekommen. [335]

Ich habe bisher nur über die Vor- und Nachteile für die eheliche Verbindung gesprochen, die aus der bloßen Verschiedenheit zwischen Ehemann und Ehefrau resultieren. Doch die unheilvollen Folgen werden vervielfacht, wenn die Verschiedenheit in Über- und Unterordnung besteht. Verschiedenheit für sich genommen, solange sie lediglich die Verschiedenheit erwünschter Eigenschaften bedeutet, kann eher eine Chance wechselseitiger Bereicherung als ein Verlust an Bequemlichkeit sein. Wenn sich jeder darum bemüht, sich die besonderen Qualitäten des anderen zu eigen zu machen, führt die Verschiedenheit anstatt, dass die Interessen auseinanderdriften, zu ihrer zunehmenden Angleichung und macht jeden für den anderen noch wertvoller. Wenn aber der eine seinen geistigen Fähigkeiten und seiner Bildung nach deutlich unter dem anderen steht, ist sein Einfluss auf die Entwicklung des Höherstehenden schädlich, und umso mehr, wenn die Ehe halbwegs glücklich als wenn sie unglücklich ist. Es bleibt nicht ungestraft, wenn der geistig Höherstehende sich mit einer Unterlegenen einschließt und diese zu seinem engsten Gefährten erwählt. Jeder gesellschaftliche Umgang, der nicht förderlich ist, ist schädlich, und umso eher, je enger und vertrauter er ist. Selbst ein wirklich überlegener Mann beginnt fast immer zu verlieren, wenn er, wie man sagt, der Hecht im Karpfenteich ist. Ebenso ist es mit dem Mann, der eine ihm unterlegene Ehefrau hat. Während er auf der einen Seite immer mehr Selbstzufriedenheit entwickelt, übernimmt er auf der anderen Seite unmerklich Einstellungen und Sichtweisen, die für einen gewöhnlicheren und begrenzteren Kopf als seinen eigenen typisch sind. Anders als die anderen genannten Übel nimmt dieses Übel gegenwärtig deutlich zu. Männer und Frauen haben im Alltag sehr viel mehr und vielfältiger miteinander zu tun als jemals zuvor. Männer leben mehr denn je im Haus. In früheren Zeiten suchten sie Beschäftigung und Vergnügen unter Männern und in rein männlicher Gesellschaft. Die Ehefrauen kannten von ihrem Leben nur kleine Ausschnitte. Heutzutage hat der Prozess der Zivilisation und die Wendung der Anschauungen gegen die rohen Vergnügungen und ausschweifenden Gelage, die früher die meisten Männer in ihrer Freizeit beschäftigten – zusammen mit dem gewachsenen Bewusstsein der Wechselseitigkeit der Pflichten, die Mann und Frau aneinander binden – dafür gesorgt, dass der Mann seine persönlichen und gesellschaftlichen Vergnügungen sehr viel mehr im eigenen Haus und bei seinen Mitbewohnern findet, während Art und Umfang der in der Erziehung der Frauen gemachten Fortschritte diese ein Stück weit zu ebenbürtigen Gesprächspartnerinnen gemacht haben, mögen sie ihm auch in den meisten Fällen weiterhin hoffnungslos unterlegen geblieben sein. Sein Wunsch nach geistiger Gemeinschaft wird deshalb im Allgemeinen von einer Gemeinschaft befriedigt, von der er nichts Neues dazulernt. Eine statische und wenig anregende Beziehung tritt an die Stelle der Gesellschaft mit Ebenbürtigen und Gleichgesinnten, während er sich andernfalls dynamischere und anregendere Beziehungen gesucht hätte. Dementsprechend machen wir die Erfahrung, dass junge Männer, die zu den schönsten Hoffnungen berechtigen, sobald sie heiraten, sich im Allgemeinen nicht weiterentwickeln und insofern unweigerlich zurückfallen. Solange die Ehefrau den Mann nicht vorwärtstreibt, zieht sie ihn hinunter. Er verliert das Interesse an seinen früheren Interessen; er wird der Gesellschaft, die seinen früheren Idealen kongenial ist, [336] überdrüssig und beginnt, sie unangenehm zu finden und zu meiden, auch weil ihn sein Ausbleiben beschämen würde; und die höheren Fähigkeiten des Kopfes und des Herzens verfallen in Passivität. Und da sich diese Veränderungen gleichzeitig mit dem Erwachen vieler durch die Familie bedingter neuer und egoistischer Interessen vollziehen, unterscheidet er sich nach ein paar Jahren nicht mehr von denen, die niemals andere Wünsche hatten als die nach den üblichen Nichtigkeiten und nach Geld.

Ich werde nicht zu beschreiben versuchen, was die Ehe bei zwei Menschen sein kann, die in Bildung, Anschauungen und Zielen übereinstimmen, und zwischen denen die beste Art von Gleichheit besteht: ähnlich stark ausgeprägte Fähigkeiten, aber jeder dem anderen in unterschiedlichen Dingen überlegen – so dass jeder den Luxus genießt, zu dem anderen aufzuschauen zu dürfen, und das Vergnügen, abwechselnd auf dem Weg der Entwicklung zu führen und geführt zu werden. Denen, die sich so etwas vorstellen können, ist damit nicht gedient; denen, die sich so etwas nicht vorstellen können, muss es wie der Traum eines Schwärmers erscheinen. Dennoch behaupte ich aus tiefster Überzeugung, dass dies und dies allein das Ideal der Ehe ist, und dass alle Anschauungen, Traditionen und Institutionen, die andere Vorstellungen bevorzugen oder den Elementen dieses Ideals unter welchem Vorwand auch immer eine andere Wendung geben, Überbleibsel der primitivsten Barbarei sind. Die Zeit der moralischen Wiedergeburt der Menschheit wird erst dann angebrochen sein, wenn die grundlegendste der menschlichen Beziehungen unter die Herrschaft von Gleichheit und Gerechtigkeit gestellt worden ist, und die Menschen gelernt haben, ihre stärkste Zuneigung zu einem Menschen zu empfinden, der ihnen an Rechten und Bildung gleich ist.

Die bisher genannten Vorteile, die die Welt hätte, wenn sie aufhörte, die Geschlechtszugehörigkeit zu einem Grund von Disqualifizierung und zu einem Zeichen von Minderwertigkeit zu machen, sind eher gesellschaftlich als individuell, nämlich die Erweiterung des allgemeinen Fundus an Denk- und Tatkraft und die Verbesserung der allgemeinen Bedingungen der Verbindung zwischen Mann und Frau. Es würde jedoch eine sträfliche Unterlassung bedeuten, den unmittelbarsten Nutzen unerwähnt zu lassen, nämlich den ungeheuren Zuwachs an privatem Glück für die befreite Hälfte der Menschheit – den Unterschied, den es für sie bedeutet, nicht mehr dem Willen anderer unterworfen zu sein, sondern ein Leben in vernünftiger Freiheit führen zu können. Nach den Notwendigkeiten von Nahrung und Kleidung macht Freiheit das erste und stärkste Bedürfnis der menschlichen Natur aus. Solange Menschen gesetzlos leben, wünschen sie sich Freiheit ohne Gesetze. Sobald sie den Sinn von Moral und den Wert von Vernunft verstanden haben, wünschen sie sich mehr und mehr, sich im Gebrauch der Freiheit von Moral und Vernunft leiten und zurückhalten zu lassen. Doch wünschen sie deshalb die Freiheit nicht weniger. Sie sind nicht bereit, den Willen anderer als Repräsentanten und Interpreten dieser Leitprinzipien zu akzeptieren. Im Gegenteil: Die Gemeinschaften, die der Vernunft und der Vorstellung einer Verpflichtung für das Gemeinwohl einen hohen Rang einräumen, sind dieselben, die die Handlungsfreiheit des Einzelnen hochhalten, nämlich die Freiheit jedes Einzelnen, sein Verhalten von seiner eigenen Auffassung von Pflicht bestimmen zu lassen sowie von Gesetzen und sozialen Normen, die er mit seinem eigenen Gewissen im Einklang weiß.

Wer den Wert persönlicher Unabhängigkeit als eines der Elemente von Glück schätzen möchte, ist eingeladen zu prüfen, wie viel sie ihm selbst als [337] Bestandteil seines Glücks bedeutet. Bei keinem anderen Gegenstand findet sich eine größere Diskrepanz zwischen dem Urteil in eigener Person und dem Urteil über andere. Wenn man andere über die Beschränkungen ihrer Handlungsfreiheit klagen hört – dass es ihnen nicht gelingt, ihre Angelegenheiten so zu regeln, wie es ihrem Willen entspricht –, neigt man dazu, zu fragen, worüber sie sich eigentlich beklagen, welchen reellen Schaden sie erlitten haben, oder in welchen Hinsichten sie ihre Angelegenheiten als schlecht geregelt empfinden. Und sollten sie es nicht schaffen, einem darauf eine befriedigende Antwort zu geben, wendet man sich von ihnen ab wie von Querulanten, die nichts zufriedenstellt. Aber sobald man über sich selbst urteilt, legt man einen ganz anderen Maßstab zugrunde. Dann ist auch die tadelloseste Regelung der eigenen Angelegenheiten durch einen anderen, der einem als Kontrolleur vorgesetzt ist, nicht gut. Dass man selbst von der Entscheidung ausgeschlossen ist, erscheint einem als hinreichender Grund zur Klage, ganz unabhängig davon, ob die eigenen Angelegenheiten gut oder schlecht geregelt werden. Bei Nationen ist es nicht anders. Welcher Bürger eines freien Landes würde das Angebot einer guten und geübten Verwaltung annehmen, wenn er dafür auf seine Freiheit verzichten müsste? Angenommen, er könnte glauben, dass es eine gute und geübte Verwaltung in einem Volk geben kann, das von einem anderen als dessen eigenem Willen beherrscht wird: Wer würde nicht das Bewusstsein, über das eigene Schicksal nach eigenem Wissen und Gewissen entscheiden zu können, die Enttäuschung über die Grobschlächtigkeit und Unvollkommenheit der Verwaltung, wie sie ist, vollständig aufwiegen? Man kann ihm versichern, dass, was immer er darüber denkt, Frauen ebenso denken. Was auch immer über den läuternden Einfluss der Freiheit – von der Zeit Herodots bis heute – gesagt oder geschrieben worden ist: Die elektrisierende Wirkung, die sie auf alle Fähigkeiten hat, wie die größere Selbstlosigkeit in öffentlichen Belangen und die gelasseneren und toleranteren Moralvorstellungen, mit denen sie einhergeht; den im Allgemeinen höheren Standpunkt, auf die sie jeden Einzelnen als moralisches, geistiges und soziales Wesen hebt: Alles dies gilt für Frauen ganz ebenso wie für Männer. Sind diese Dinge etwa kein wesentlicher Teil des individuellen Glücks? Mag sich jeder Mann daran erinnern, was er empfand, als er vom Kind zum Mann wurde und die Bevormundung und Aufsicht wie immer liebender und geliebter Eltern gegen die Übernahme von Eigenverantwortung eintauschte. War es nicht wie der Effekt, von einer schweren Last befreit zu werden oder wie das Lösen einer hinderlichen, wenn auch ansonsten nicht schmerzhaften Fessel? Fühlte er sich nicht zweimal so lebendig wie vorher, zweimal so sehr als Mensch? Dennoch fällt immer wieder auf, dass die Befriedigungen und Verletzungen des Stolzes, auch wenn sie sich für alle Menschen gleich anfühlen, anderen weniger zugestanden werden und weniger als Grund oder Rechtfertigung akzeptiert werden als andere natürliche menschliche Gefühle – vielleicht deshalb, weil die Menschen diese Gefühle in ihrem eigenen Fall schmeichelhafterweise mit den Namen so vieler anderer Qualitäten umschreiben, dass sie sich nur selten bewusst werden, welch wichtige Rolle [338] sie in ihrem eigenen Leben spielen. Wir können uns sicher sein, dass sie eine nicht weniger bedeutende Rolle im Leben und Gefühlsleben der Frauen spielen. Frauen haben gelernt, sie in ihrer natürlichsten und gesündesten Form zu unterdrücken, aber das innere Prinzip bleibt und nimmt nur eine andere Form an. Ein aktiver und energischer Geist, dem die Freiheit vorenthalten wird, sucht die Macht: Nimmt man ihm die Herrschaft über sich selbst, wird er versuchen, die Herrschaft über andere zu erlangen. Einem Menschen kein anderes eigenes Leben zu erlauben als eines von Gnaden eines anderen, bedeutet, ihn einer viel zu starken Versuchung auszusetzen, andere zu eigenen Zwecken zu beherrschen. Wo auf Freiheit nicht zu hoffen ist, aber auf Macht, wird Macht zum obersten Objekt der Begierde. Wem andere nicht bereit sind, die ungestörte Erledigung seiner Angelegenheiten zu überlassen, wird sich, wenn er kann, dafür schadlos halten, indem er sich zu eigenen Zwecken in die Angelegenheiten anderer einmischt. Daher das leidenschaftliche Verlangen der Frauen nach persönlicher

Schönheit, Zurschaustellung von Kleidung und allen weiteren sich aus diesen ergebenden Übeln wie mutwilliger Luxus und andere gesellschaftliche Untugenden. Die Liebe zur Macht und die Liebe zur Freiheit stehen auf ewig unvereinbar einander gegenüber. Wo es am wenigsten Freiheit gibt, ist das Verlangen nach Macht am glühendsten und hemmungslosesten. Das Verlangen nach Macht über andere kann nur dann als Grundübel der Menschheit verschwinden, wenn der Mensch ohne dieses Verlangen leben kann – und das kann nur dort geschehen, wo als Prinzip fest etabliert ist, die Freiheit des anderen zu achten, seine eigenen Dinge zu regeln.

Doch ist es nicht nur das Gefühl persönlicher Würde, das die Freiheit im Gebrauch der eigenen Fähigkeiten für Menschen und nicht zuletzt für Frauen zu einer Quelle individuellen Glücks und ihre Fesselung zu einer Quelle von Unglück macht. Nichts, abgesehen von Krankheit, Bedürftigkeit und Schuld, hat für die Lebensfreude so fatale Folgen als wenn es an Gelegenheit fehlt, die eigene Tatkraft auf würdige Weise auszuleben. Frauen, denen die Sorge für die Familie zufällt, haben, solange sie für ihre Familie sorgen, diese Gelegenheit, und sie empfinden sie im Allgemeinen als ausreichend. Doch wie steht es mit der gegenwärtig schnell zunehmenden Anzahl an Frauen, die keine Gelegenheit haben, den Beruf auszuüben, für dessen Wahl sie nichts als Spott ernten? Was ist mit den Frauen, die ihre Kinder durch Tod oder räumliche Entfernung verloren haben oder deren Kinder erwachsen sind und geheiratet und einen eigenen Hausstand gegründet haben? Es gibt eine Fülle von Beispielen von Männern, die, nachdem sie ihr Leben ausschließlich dem Geschäft gewidmet haben, mit der

Hoffnung in Pension gehen, sich die Fähigkeit bewahrt zu haben, sich der Ruhe hinzugeben, denen dann aber, weil sie unfähig sind, neue Interessen und Leidenschaften zu entwickeln, die die früheren ersetzen könnten, der Wechsel zu einem Leben der Untätigkeit nichts als Überdruss, Melancholie und vorzeitigen Tod bringt. Niemand denkt an den Parallelfall so vieler würdiger und aufopferungsvoller Frauen, die, nachdem sie bezahlt haben, was sie, wie man ihnen weisgemacht hat, der Gesellschaft schulden – eine Familie untadelig ins Erwachsenenalter und ein Haus geführt zu haben, solange diese Familie ein Haus brauchte –, die einzige Beschäftigung verloren haben, auf die sie sich vorbereitet hatten, und für ihre unverminderte Tatkraft keine Betätigung mehr finden, es sei denn, eine Tochter oder Schwiegertochter ist bereit, ihnen die Fortsetzung ihrer Tätigkeit in dem jüngeren Haushalt zu überlassen. Sicherlich ein hartes Los für das Alter derer, die, solange sie dazu Gelegenheit hatten, das, [339] was die Welt für ihre einzige Pflicht hält, würdig abgeleistet haben. Solchen Frauen und denjenigen, denen diese Pflichten nicht auferlegt worden sind – von denen viele sich durchs Leben schleppen mit dem Bewusstsein, ihrer Bestimmung nicht gerecht geworden zu sein, beschäftigt mit Tätigkeiten, die keine Zukunft haben –, stehen allgemein gesprochen nur Religion und Wohltätigkeit als Beschäftigung offen. Doch kann ihre Religion, mag sie auch eine Religion des Gefühls und der Befolgung religiöser Zeremonien sein, keine Religion der Tat sein, es sei denn in Form von Wohltätigkeit. Für Wohltätigkeit sind viele von ihnen von ihrer Natur her bestens geeignet. Doch um sie so auszuüben, dass sie mehr nutzt als schadet, bedarf sie der Bildung, der sorgfältigen

Vorbereitung, der Kenntnisse und der Intelligenz eines klugen Verwalters. Nur wer auch viele andere Verwaltungsfunktionen ausüben kann, kann Wohltätigkeit so üben, dass sie auch Nutzen stiftet. In diesem wie in anderen Fällen, vor allem bei der Kindererziehung, kann man nicht erwarten, dass die Frauen die ihnen zugestandenen Aufgaben angemessen bewältigen, ohne dass sie zugleich für Aufgaben ausgebildet werden, die ihnen zum großen Schaden der Gesellschaft nicht zugestanden werden. Und lassen sie mich hier auf die bemerkenswerte Art und Weise hinweisen, in der uns häufig die Frage der Benachteiligung der Frauen von denen präsentiert wird, die es leichter finden, das Unerwünschte lächerlich zu machen als auf die Argumente gegen sie einzugehen. Sollte jemand behaupten, dass weibliche Tatkraft und Klugheit in der Politik vielleicht gelegentlich nützlich sein könnten, machen diese Spaßvögel das zum Gespött der Welt und zeigen junge Mädchen und junge Frauen im Kabinett sitzend, als seien sie leibhaftig und direkt aus dem Salon ins Parlament befördert worden. Sie vergessen dabei, dass auch männliche Politiker in diesem Alter gewöhnlich nicht ins Parlament oder in verantwortungsvolle politische Ämter gewählt werden. Der gesunde Menschenverstand müsste ihnen eigentlich sagen, dass solche Vertrauenspositionen allenfalls Frauen übertragen würden, die, da sie keine besondere Berufung zum Eheleben verspüren oder die für ihre Fähigkeiten eine andere Betätigungsmöglichkeit bevorzugen (wie viele Frauen bereits jetzt eine der wenigen ihnen offenstehende Beschäftigungen der Ehe vorziehen), die besten Jahre ihrer Jugend darauf verwendet haben würden, sich für die Beschäftigungen, denen sie nachgehen wollen, zu qualifizieren; oder, häufiger noch, Witwen oder Ehefrauen von 40 oder 50 Jahren, die die Lebenskenntnis und Führungsfähigkeit, die sie in ihren Familien erworben haben, mit der Hilfe geeigneter Studien in einer weniger beschränkten Sphäre anwenden könnten. Es gibt kein Land in Europa, in dem die fähigsten Männer nicht häufig den Wert des Rats und der Hilfe kluger und erfahrener Frauen von Welt zur Erreichung ihrer Ziele, sei es im privaten oder im öffentlichen Bereich, erfahren und hochgeschätzt haben. Und es gibt wichtige Abteilungen der öffentlichen Verwaltung, für die wenige Männer dieselbe Kompetenz besitzen wie solche Frauen, etwa im Rechnungswesen. Doch sprechen wir jetzt nicht von dem Bedarf, den die Gesellschaft nach den Diensten von Frauen in der öffentlichen Verwaltung hat, sondern das öde und hoffnungslose Leben, zu dem sie so häufig verurteilt sind, weil ihnen verboten wird, die praktischen Fähigkeiten, derer sich viele von ihnen bewusst sind, in einem größeren Bereich auszuüben als in dem, der den einen nicht mehr offensteht und den anderen niemals offenstand. Wenn es etwas gibt, das für das Glück der Menschen von durchschlagender Bedeutung ist, dann das, dass sie ihrer [340] gewohnheitsmäßigen Beschäftigung mit Freude nachgehen. Dieses Erfordernis eines genussvollen Lebens wird einem großen Teil der Menschheit nur unvollständig gewährt oder gänzlich vorenthalten, und an seinem Fehlen scheitern viele Leben, die ansonsten die besten Voraussetzungen für ein gutes Leben hätten. Doch auch dann, wenn Umstände, die die Gesellschaft noch nicht zu bewältigen gelernt hat, ein solches Scheitern vorerst unvermeidbar machen, sollte die Gesellschaft solche Umstände nicht eigens schaffen. Die Unvernunft von Eltern, die Unerfahrenheit der Jugend oder das Fehlen einer passenden Beschäftigung verurteilen zahllose Menschen dazu, ihr Leben damit zu verbringen, etwas zu tun, was sie mit Widerstreben und schlecht tun, obwohl es genug gibt, was sie hätten gut und mit Freude tun können. Den Frauen insgesamt wird dieses Urteil jedoch vom geltenden Recht und den hinter ihm stehenden gesellschaftlichen Normen auferlegt. Was in unaufgeklärten Gesellschaften für einige Menschen Hautfarbe, Rasse, Religion oder, im Fall eines eroberten Lands, Nationalität ist, ist für die Frauen ihr Geschlecht: ein strikter Ausschluss von fast allen ehrenvollen Berufen außer denen, die andere nicht ausüben können oder die ihnen der Mühe nicht wert erscheinen. Das Leiden, das Tatsachen dieser Art schafft, stößt gewöhnlich auf so wenig Verständnis, dass nur wenige sich des Ausmaßes an Unglück bewusst sind, das bereits jetzt durch das Gefühl eines vergeudeten Lebens in die Welt kommt. In einem noch größeren Umfang wird dies der Fall sein, wenn zunehmende Bildung das Missverhältnis zwischen den Ideen und Fähigkeiten der Frauen und den ihrer Betätigung von der Gesellschaft auferlegten Schranken weiter verschärft.

Wenn wir das Übel ins Auge fassen, das die disqualifizierte Hälfte der Menschheit durch ihre Disqualifizierung erfährt – erstens in Gestalt des Verzichts auf die belebendste und erhebendste Art von persönlichem Genuss und zweitens in Gestalt der Lustlosigkeit, Enttäuschtheit und Unzufriedenheit mit dem Leben, die so häufig an deren Stelle treten –, dann fühlt man, dass unter allen Lektionen, die die Menschen im Kampf gegen die unvermeidlichen Unvollkommenheiten des irdischen Schicksals bewältigen müssen, es keine Lektion gibt, die notwendiger ist als die, den von der Natur kommenden Übeln nicht noch die von Missgunst und Vorurteil getriebenen Beschränkungen der Freiheit anderer hinzuzufügen. Ihre törichte Furcht setzt andere und schlimmere Übel an die Stelle derer, die sie vermeiden wollen, und jede Beschränkung der Freiheit ihrer Mitmenschen (es sei denn, diese werden für Übel verantwortlich gemacht, die sie wirklich getan haben) trägt dazu bei, die Hauptquellen des menschlichen Glücks auszutrocknen und die Menschheit unermesslich ärmer an dem zu machen, was dem Leben für den Einzelnen Wert verleiht.

Zu dieser Ausgabe

Grundlage der Übersetzung ist die Ausgabe:

> The Subjection of Women. In: The Collected Works of John Stuart Mill. Bd. XXI: Essays on Equality, Law, and Education. Hrsg. von John M. Robson. Toronto: University of Toronto Press / London: Routledge and Kegan Paul, 1984. S. 260–340.

Dieser Text entspricht der 3. Auflage (London: Longmans, Green, Reader, and Dyer) von 1870 und bildet die Originalausgabe von 1869 ab. Die Paginierung der 3. Auflage von 1870 wird in eckigen Klammern wiedergegeben.

Anmerkungen

10,13 *Übergangsperiode:* Mill sah das 19. Jahrhundert als Übergangsperiode, in der Demokratie an die Stelle der Autokratie, liberale Wirtschaftspolitik an die Stelle staatlicher Lenkung, die Tolerierung und Förderung individueller Selbstentfaltung an die Stelle gesellschaftlicher Bevormundung und säkulares an die Stelle konfessionellen Denkens treten. Zu allen diesen Übergängen hat Mill mit eigenen Schriften beigetragen: *Considerations on Representative Government, Principles of Political Economy, On Liberty* und *Utility of Religion.* In Letzterem entwirft er – ähnlich wie sein Briefpartner Auguste Comte – die Vision einer Zukunft, in der die sozialen Funktionen der Kirchen von weltlichen Institutionen und die weltanschaulichen von Philosophen übernommen werden.

11,15 f. *a-priori-Annahme:* Annahme aufgrund der reinen Vernunft ohne empirische Anhaltspunkte, hier: Ausgangshypothese.

16,23 f. *erst in den letzten Jahren:* In den USA wurde die Leibeigenschaft erst 1865 abgeschafft. Vorausgegangen waren Großbritannien (1835), Französisch-Westindien (1848) und Russland (1861).

21,19 *ihr Leben zu lassen:* Die Zahl der Opfer der von den Päpsten angeordneten sieben Kreuzzüge im 11. bis 13. Jahrhundert ist nicht verlässlich zu ermitteln. Die Schätzungen bewegen sich für alle beteiligten Seiten zwischen Hunderttausenden und 20 Millionen Toten.

27,9 *Sklavennatur:* Mill bezieht sich hier frei auf Aristoteles: »Die Völker in den kalten Gegenden nämlich; und die diesbezüglichen in Europa sind von Mut erfüllt, stehen aber mehr im Denken und der Kunst nach; daher verbleiben sie eher in Freiheit, doch zur Staatenbildung sind sie ungeeignet, und sie können nicht über ihre Nachbarn herrschen. Die Völker in Asien sind hingegen denkerisch begabt und künstlerische Seelen, doch mutlos, daher bleiben sie beherrscht und in Sklaverei. Doch das Volk der Griechen nun, wie es zwischen diesen Bereichen die Mitte hält, hat auch an beiden Charakterqualitäten Anteil. Denn es ist sowohl mutvoll als auch denkerisch begabt; daher verbleibt es in Freiheit, staatlich am besten verwaltet und ist in der Lage, über alle zu herrschen, sollte es eine einzige Staatsverfassung bekommen.« (Aristoteles, *Politik*, 1327b 26 ff., S. 336.)

28,18 f. *alles, was üblich ist, natürlich erscheint:* Mill hat sich insbesondere in seinem Essay *Natur* ausführlich mit den verschiedenen Bedeutungen von ›Natur‹ und ›natürlich‹ und ihrer teilweise verfänglichen Rolle in ethischen Argumentationen beschäftigt. Dort findet sich der Hinweis, dass »natürlich« in vielen Zusammenhängen nichts anderes als »üblich« bedeutet (Mill, *Drei Essays über Religion*, S. 58).

29,17 f. *Lehre von der politischen und sozialen Gleichheit der Geschlechter:* Diese Lehre findet sich in Platons *Staat* 451c ff. (S. 197 ff.). Dass Sparta in diesem Punkt das Vorbild für Platons Staatskonstruktion war, ist unbestritten. Bei Platon soll die gleiche Ausbildung beider Geschlechter auch die Ausbildung zum Kriegsdienst umfassen. Im antiken Sparta wurden allerdings Frauen zum Kriegsdienst weder ausgebildet noch herangezogen.

30,1 f. *Petition zur Gewährung des Stimmrechts:* Die Petition, die erste dieser Art im englischen Parlament, hatte Mill selbst als Abgeordneter von Westminster am 7. Juni 1866 ins Unterhaus eingebracht. Sie trug die Unterschriften von mehr als 1500 Frauen. Initiator war eine Diskussionsgruppe von Frauen, die sich im Haus von Charlotte Manning (1803–1871), der späteren ersten Leiterin des Girton College Cambridge, in Kensington traf und sich »Kensington Group« nannte. Die Erstfassung der Petition stammte von Mills Stieftochter Helen Taylor (1837–1907). Am 20. Mai 1867 machte Mill den Versuch, in der Debatte um die Parlamentsreform eine entsprechende Änderung der *Second Reform Bill* zu erreichen: Das Wort ›Mann‹ sollte durch das Wort ›Person‹ ersetzt werden. Mit 73 Ja- gegen 196 Nein-Stimmen erreichte er immerhin einen Achtungserfolg. Das (volle) Frauenwahlrecht wurde in England erst 1928 (zehn Jahre später als in Deutschland) eingeführt.

30,12 f. *von Frauen geleiteten Verein:* Die *National Society for Women's Suffrage*, am 6. Januar 1867 von Lydia Becker (1827–1890) gegründet, war die erste landesweite Gruppe in Großbritannien, die für das Frauenwahlrecht eintrat.

30,25–27 *de Montfort ... ins Parlament berief:* Simon de Montfort

(1208–1265) berief am 23. Juni 1264 zum ersten Mal ein Parlament nach London ein, in dem neben Aristokraten und Kirchenfürsten auch Bürgerliche vertreten waren. Auf Simon des Montforts Revolution geht das *House of Commons*, das englische Unterhaus zurück.

40,19 *Dolmen:* kultischer Steintisch, in Europa sowie in Westasien vorwiegend in Küstennähe verbreitet, oft mehr als 4000 Jahre alt.

40,31 *Vermutung gegen die Sache:* Eine ›Vermutung‹ regelt im juristischen Sprachgebrauch die Verteilung der Beweislast: Besteht eine Vermutung *für* eine Position, ist der Gegner beweispflichtig, besteht eine Vermutung *gegen* eine Position, ist der Vertreter der Position beweispflichtig. In Bezug auf Argumentationen im Allgemeinen meint ›Vermutung‹ so viel wie Anfangsplausibilität. Je stärker die Vermutung für eine bestimmte Position ausfällt, umso stärker müssen die gegen sie vorgebrachten Argumente sein, um sie zu widerlegen.

41,13 f. *im Allgemeinen vorteilhaft:* Mill greift hier auf das in *Utilitarianism* vertretene Zwei-Stufen-Modell der utilitaristischen Ethik zurück: Gesellschaftliche Institutionen und Regeln einschließlich der Moral sollen danach beurteilt werden, wie weit sie sich für die Menschheit im Allgemeinen vorteilhaft auswirken.

42,4 f. *Maß für den Grad der Zivilisation eines Volkes:* Ein Beispiel ist der Frühsozialist Charles Fourier (1772–1837), er formulierte: »Der soziale Fortschritt […] erfolgt aufgrund der Fortschritte in der Befreiung der Frau.« (Fourier, *Die Theorie der vier Bewegungen und der allgemeinen Bestimmungen*, S. 190.)

43,8 f. *unter Treibhausbedingungen kultiviert hat:* Dieselbe Metapher findet sich auf der ersten Seite der Einleitung zu einem der Gründungstexte des Feminismus, Mary Wollstonecrafts (1759–1797) *Vindication of the Rights of Woman* von 1792.

44,8 *Weil die Griechen die Türken betrogen:* Anspielung auf den griechischen Unabhängigkeitskrieg (1821 bis 1832), durch den sich Griechenland vom osmanischen Reich löste.

49,21 f. *Un homme … soumettre:* »Ein Mann kann sich der öffentlichen Meinung entgegenstellen; eine Frau muss sich ihr unterwerfen«. Mill bezieht sich auf den 1802 erschienenen Briefroman

Delphine der Madame de Staël (1766–1817). Thema des Romans sind u. a. die Schranken, die einer emanzipierten Frau von der Gesellschaft auferlegt werden.

50,19 *opinio … est:* »Eingebildeter Reichtum ist eine Hauptursache von Armut«. Zitat aus der Vorrede zur *Instauratio magna* von Francis Bacon (1561–1620).

52,28 f. *Zwangsrekrutierung von Matrosen:* Das »Matrosenpressen« oder »Shanghaien« war u. a. im London des 18. und 19. Jahrhunderts verbreitet: Seeleute wurden von *press gangs* mit Gewalt, List oder Alkohol entführt und zum Dienst auf Kriegs- oder Handelsschiffen gezwungen. Ein entsprechendes Gesetz bestand seit 1563, wurde in Mills Zeit aber nicht mehr angewendet.

54,7 *Entrainement:* Begeisterung, hier: Betriebsblindheit.

54,22 *Odaliske:* hellhäutige Bewohnerin eines Harems, Konkubine oder Kammermädchen des Sultans.

56,25 *Kasuisten:* von Einzelfällen aus argumentierende Philosophen oder Rechtswissenschaftler.

57,5 *peculium:* im antiken Rom ein Vermögensanteil des Sklavenbesitzers, das der Sklave selbständig bewirtschaften konnte.

57,10 *Nadelgeld:* Haushaltsgeld, hier: Geld, das eine Tochter bei der Eheschließung zusätzlich zur Aussteuer von ihren Eltern erhält.

57,24 *to her separate use:* ›zum persönlichen Gebrauch‹.

58,23 *Onkel Tom:* Anspielung auf Harriet Beecher Stowes (1811–1896) Roman *Uncle Tom's Cabin* (*Onkel Toms Hütte*) von 1852.

59,16 f. *Serjeant Talfourd's Act*: Das auch *Infants' Custody Act* genannte Gesetz von 1839 stellte sicher, dass Frauen nach einer Trennung von ihrem Ehemann Zugang zu ihren Kindern bis zum Alter von sieben Jahren erhielten. Dieses Gesetz war die Reaktion auf ein Pamphlet der Literatin Caroline Norton (1808–1877) *The Natural Claim of a Mother to the Custody of her Children as Affected by the Common Law Right of the Father* von 1836, der bei der Trennung von ihrem Mann der Kontakt mit ihren drei Kindern untersagt wurde. Der Name des Gesetzes geht auf den Juristen und Literaten Thomas Noon Talfourd (1795–1854) zurück, der als Rechtsanwalt das besondere Amt eines traditionell sogenannten *Serjeant-at-Law* bekleidete.

60,3 f. *Scheidung … hohen Kosten:* Mit dem *Matrimonial Causes Act* von 1857 wurde normalen Bürgern in England die Scheidung ermöglicht, allerdings Männern nur bei Ehebruch der Frau, Frauen nur bei Ehebruch des Mannes und zusätzlich Inzest, Bigamie oder extremer Brutalität. Vor 1857 hatte die Scheidung nur Männern offen gestanden, kam allerdings selten vor, da sie jeweils eine spezielle Genehmigung durch das Parlament erforderte und so teuer war, dass sie nur für Reiche in Frage kam.

62,9 *Philipp des Schönen:* Philipp IV. (1268–1314), von 1285 bis 1314 König von Frankreich, bekannt für seine gnadenlose Verfolgung der Mitglieder des Templerordens.

62,9 f. *Nadir Schah:* 1688–1747, Schah von Persien (von 1736 bis 1747), herrschte nach dem grausamen Vorbild von Dschingis Khan und Timur.

62,10 *Caligula:* 12–41 n. Chr., römischer Kaiser von 37–41 n. Chr., bekannt für grausame Hinrichtungen des Hochverrats angeklagter römischer Senatoren.

62,19 f. *heroische Treue:* In der Zeit der römischen Bürgerkriege (133–130 v. Chr.) durften Geächtete von Rechts wegen von jedermann getötet werden. Trotz der Ächtung hielten viele Sklaven weiter zu ihren Herren.

63,31 *ultima ratio*: lat. ›das letzte Mittel‹.

64,7 *Strafgesetzen in Konflikt:* Unter anderem in seiner *Parlamentsrede zum Frauenstimmrecht* hat Mill gegen die Geringfügigkeit der Strafen protestiert, die regelmäßig von englischen Gerichten für die Ermordung der eigenen Frau verhängt wurden. (Vgl. Mill, *Parlamentsrede*, S. 399.)

75,24 *Gulliver:* Mill bezieht sich auf Kap. 7 des ersten Teils von Jonathan Swifts satirischem Roman *Gulliver's Travels (Gullivers Reisen*) von 1726. Dort ergeht sich der König allerdings in Reden über seine Milde und Gnade, *nachdem* der Gerichtshof eine grausame Hinrichtung verkündet hat, um dem Groll des Königs oder der Boshaftigkeit einer seiner Favoriten zu willfahren.

82,29 *in ihren Katechismen:* Gemäß dem anglikanischen *Book of Common Prayer* verspricht die Braut bei der Eheschließung, ihrem Ehemann »zu gehorchen und zu dienen«.

82,31–83,1 *Weiber ... Ehemännern:* vgl. Kolosser 3,18 (Lutherbibel 1912): »Ihr Weiber, seid untertan euren Männern in dem Herrn, wie sich's gebührt.«

83,1 f. *Ihr Sklaven ... Herren:* vgl. Kolosser 3, 22 (Lutherbibel 1912): »Ihr Knechte, seid gehorsam in allen Dingen euren leiblichen Herren«.

83,9 f. *Die bestehenden ... Gott eingesetzt:* vgl. Römer 13,1 (Lutherbibel 1912): »Jedermann sei untertan der Obrigkeit, die Gewalt über ihn hat.«

84,8 *Die Regel ist einfach:* Diese Regel wurde in England durch die beiden *Married Women's Property Acts* von 1870 und 1882 eingeführt.

85,1 f. *in den geschriebenen Verfassungen:* vgl. etwa die Verfassungen von Texas (1845), Kalifornien (1849), Nevada (1864) und Georgia (1868).

95,2 *Deborah:* Richterin und Prophetin im Alten Testament, vgl. Richter 4 f.

95,2 f. *Jeanne d'Arc:* französische Nationalheldin und Heilige (»Jungfrau von Orléans«, 1412–1431), verhalf im Hundertjährigen Krieg (1337–1453) dem späteren französischen König Karl VII. (1403–1461) zum Sieg über die Engländer.

95,9 *Königin Elisabeth:* Elisabeth I. (1533–1603), Königin von England von 1558 bis 1603.

95,9 f. *Königin Victoria:* 1819–1901, Königin von Großbritannien von 1837 bis 1901.

97,14 *Mutter ... Schwester:* Blanka von Kastilien (1188–1252) und Mutter Ludwigs IX. (1214–1270) war mehrfach Regentin von Frankreich; Anne de Beaujeu (1461–1522) übernahm nach dem Tod Ludwigs XI. (1423–1483) von 1483 bis 1491 die Regentschaft für ihren minderjährigen Bruder Karl VIII. (1470–1498).

97,30 *Margaretha von Österreich:* 1480–1530, von 1507 bis 1515 und von 1517 bis 1530 Statthalterin der habsburgischen Niederlande; Maria von Ungarn (1505–1558), Schwester Karls V. (1500–1558), war Statthalterin der spanischen Niederlande von 1531 bis 1558. Margarethe von Parma (1552–1586), uneheliche Tochter Kaiser Karls V., war von 1559 bis 1567 Statthalterin der habsburgischen Niederlande.

98,9 *Katharina II.:* 1729–1796, genannt »die Große«, Zarin von Russland von 1762 bis 1796 und u. a. für die Vielzahl ihrer Liebschaften bekannt.

98,27 f. *Katharina … l'Hôpital:* Katharina von Medici (1519–1589), zeitweilige Regentin von Frankreich, setzte 1560 die Ernennung des Humanisten Michel de l'Hôpital (1505–1573) zum Kanzler durch, der eine versöhnliche Politik gegenüber den calvinistischen Hugenotten betrieb – lange vor den Massakern an den Hugenotten in den von 1562 bis 1598 geführten acht Hugenottenkriegen (die Bartholomäusnacht fand 1572 statt).

105,2 *Neben- wie für die Hauptaufgabe:* Anspielung auf die früher gängige Entschuldigung, sich der Schriftstellerei zu widmen, was man aber nur in den Nebenstunden (also der Freizeit), nicht aber als Hauptzweck betreibe.

106,6 f. *»hysterischen« Anfälle:* Modekrankheit des 18. und 19. Jahrhunderts mit theatralischen Formen.

112,30–113,1 *Gehirne … dem schwersten:* Mill bezieht sich auf Rudolf Virchows (1821–1902), *Untersuchungen über die Entwicklung des Schädelgrundes im gesunden und kranken Zustand und über den Einfluß desselben auf die Schädelform, Gesichtsbildung und Gehirnbau* (Berlin 1857). Georges Cuvier (1769–1832), französischer Paläontologe und Anatom, wurde bekannt durch seine »Katastrophentheorie«, nach der erdgeschichtliche Katastrophen jeweils ein Massenaussterben von Lebewesen verursachten.

116,4 *Franz I.:* 1494–1547, König von Frankreich von 1515 bis 1547, soll »Toute femme varie« in seinem Zimmer auf dem von ihm erbauten Schloss Chambord ins Fenster geritzt haben. Der Verweis auf ein Distichon bezieht sich wahrscheinlich auf die Darstellung Franz' I. in Victor Hugos Theaterstück *Le roi s'amuse* (*Der König amüsiert sich*) von 1832, der Vorlage für Verdis Oper *Rigoletto*. Dort äußert Franz I.: »Souvent femme varie, / Bien fol est qui s'y fie!« (»Das Weib ist wankelmütig / Verrückt, wer sich auf eine verlässt!«)

119,22 f. *Myrtis … Corinna:* Die griechische Dichterin Myrtis, von der keine Werke überliefert sind, soll der byzantinischen Enzyklopädie *Suda* zufolge die Lehrerin von Pindar (um 522 – nach 446

v. Chr.) und Korinna gewesen sein. Dass die griechische Dichterin Korinna (die Lebensdaten beider Dichterinnen sind strittig) mit Pindar einen Dichterwettstreit ausgetragen haben soll, ist eine von mehreren späteren Autoren überlieferte Anekdote.

119,26 *Aspasia:* um 470–420 v. Chr., griechische Philosophin und zweite Frau des Perikles. Sie gründete in Athen einen philosophischen Salon. In Platons Dialog *Menexenos* beruft sich Sokrates auf Aspasia als seine Lehrerin der Rhetorik.

120,24 *Madame de Staël:* französische Schriftstellerin (1766–1817), u. a. bekannt durch ihr Werk *De l'Allemagne* (*Über Deutschland*).

120,25 *George Sand:* d. i. Amantine Aurore Lucile Dupin de Francueil, französische Schriftstellerin (1804–1876). Als Sozialkritikerin wandte sie sich gegen die Ungleichheit der Geschlechter in der Ehe.

121,6 *Hypatia:* Hypatia von Alexandria (um 355–415), griechische Mathematikerin, Astronomin und neuplatonistische Philosophin.

121,7 *Héloise:* um 1059–1164, Ehefrau des Philosophen und Theologen Peter Abaelard, berühmt durch ihr tragisches Schicksal (Abaelard wurde kastriert, Héloise trat in ein Kloster ein) und den Briefwechsel des längere Zeit getrennt lebenden Paars.

121,19 *Mr. Maurice:* Gemeint ist Frederick Denison Maurice (1805–1872), anglikanischer Theologe, ein Bekannter von John Stuart Mill und Mitbegründer des christlichen Sozialismus. Vgl. seine Rezension »Review of Montgomery's *Pelican Island*«, in: *Westminster Review* 8 (1827) S. 309–315.

121,28 *Mrs. Sommerville:* Mary Somerville (1780–1872), schottische Mathematikerin und Astronomin, studierte autodidaktisch und war zu ihrer Zeit als Wissenschaftsautorin weithin bekannt. Zusammen mit Caroline Herschel (1750–1848) wurde sie 1835 als erste Frau in die Royal Astronomical Society aufgenommen.

122,6 *zwei Frauen:* wahrscheinlich Jane Marcet (1769–1858) bzw. ihre *Conversations on Political Economy* (London 1816); und Harriet Martineau (1802–1876) bzw. ihre *Illustrations of Political Economy* (9 Bde., London 1832–34).

122,13 *Wulfila:* oder Ulfila (um 311–383), Übersetzer der Bibel ins Gotische und Schöpfer der gotischen Schrift.

122,13 f. *Zend-Avesta:* Heilige Schrift des von Zarathustra (Zoroaster) gestifteten altpersischen Zoroastrismus.

123,27 *Latenzphase:* Phase der Jugendlichkeit bzw. des Übergangs in das Erwachsenenalter; hier: Phase zwischen Spätantike und Renaissance bzw. Spätmittelalter, in der die Ideen der Antike in Westeuropa in Vergessenheit gerieten.

124,4 *Raffael:* Raffaello Santi (1483–1520), italienischer Maler und Architekt der Renaissance.

124,6 *Mozart:* Wolfgang Amadé Mozart (1756–1791) schrieb seine (vermutlich) erste Sinfonie im Alter von acht Jahren.

125,27 *Mr. Ruskin:* John Ruskin (1819–1900), Kunsthistoriker und Sozialreformer, behauptete in seinem Werk *Modern Painters* (5 Bde., 1843–1860) die Überlegenheit der zeitgenössischen Maler über die *old masters* vor 1800.

126,14 f. *Reynolds ... Turner:* Beide Maler waren gesellschaftlich hochgestellte Persönlichkeiten. Der Porträtmaler Joshua Reynolds (1723–1792) war erster Präsident der Royal Academy of Arts von 1768 bis 1792. Der durch seine Landschaftsbilder und Seestücke bekannte William Turner (1775–1851) wurde 1807 an derselben Akademie Professor für Perspektive.

128,18 *respektable Ergebnisse:* Mill zitiert aus dem siebten *Discourse* von Joshua Reynolds (1778); vgl. Reynolds, *Discourses on Art, with Selections from The Idler*, S. 112.

129,26 f. *Eine berühmte Frau:* Mill bezieht sich auf Florence Nightingale, *Suggestions for Thought* (1860), in: *Collected Works of Florence Nightingale*, Bd. 11, Waterloo, Ontario 2008, S. 320 ff.

131,14 *letzte Schwäche:* vgl. John Miltons Gedicht *Lycidas* (1637): »Fame is the spur that the clear spirit doth raise / (That last infirmity of noble mind) / To scorn delights and live laborious days«. (»Ruhm – diese letzte Schwäche der Edlen – ist der Ansporn, der den klaren Geist dazu erhebt, Genüsse zu verschmähen und Mühe und Arbeit auf sich zu nehmen«.)

137,8 *Astraea:* Verkörperung von Recht, Gerechtigkeit und Scham in der griechischen und römischen Mythologie, vgl. z. B. Ovid, *Meta-*

morphosen, I, 149 f. (S. 17). Im Mythos von den Weltzeitaltern verlässt sie als »letzte der Himmlischen« die sittenlos gewordene Welt des eisernen Zeitalters.

137,23 *cui bono?*: lat. ›Wem nutzt das?‹, häufig in Gerichtsverhandlungen, zum ersten Mal angewendete Formel von Cicero (106–43 v. Chr.), um den Verdacht, einen Mord begangen zu haben, von seinem Klienten abzuwälzen, indem er den eigentlichen Nutznießer des Mordes ausfindig machte und benannte.

140,23 *Figaro:* Gemeint ist Pierre Augustin Caron de Beaumarchais' (1732–1799) *La folle journée ou Le mariage de Figaro* (*Der tolle Tag oder Figaros Hochzeit*), V, 3: Monolog des Kammerdieners Figaro, an seinen Arbeitgeber Graf Almaviva gerichtet: »Weil Sie ein großer Herr sind, bilden Sie sich ein, auch ein großer Geist zu sein! Geburt, Reichthum, Stand und Rang machen Sie stolz. Was thaten Sie denn, mein Herr Graf, um so viele Vorzüge zu verdienen? Sie gaben sich die Mühe, auf die Welt zu kommen; das war die einzige Arbeit Ihres ganzen Lebens, dessen übrigen Theil Sie als ein ziemlich gewöhnlicher Mensch verpraßt und verprunkt haben!« (Übers. von Franz Dingelstedt, Leipzig [o. J.].)

142,17 *Sisyphusarbeit:* ergebnislose, dauerhafte Anstrengung, nach der Figur Sisyphos der antiken Mythologie. Sisyphos wird dazu verurteilt, einen Felsbrocken immer wieder erneut einen steilen Abhang hinaufzurollen.

143,29 *pari passu*: lat. ›im gleichen Schritt‹.

145,19–21 *war ... Handlungsmotiv:* αἰδώς ›Scham‹ gegenüber den Τρωάδας ἑλκεσιπεπλους ›Troerinnen in Schleppengewändern‹. Zitat aus Homers *Ilias*, VI, 441 f. (S. 142): »ich scheue / Trojas männer zu sehr, und die saumnachschleppenden weiber, / Wenn, wie ein feiger, entfernt ich hier ausweiche der feldschlacht. / Auch verbeut es mein herz, denn ich lernete, biederen mutes / Immer zu sein, und zu kämpfen im vorderkrampfe der Troer, / Schirmend zugleich des vaters erhabenen ruhm, und den meinen!«

146,6 f. *den Ehefrauen von Ethelbert und Chlodwig:* Bertha von Kent (um 561 – um 618) und Clothilde (um 474–544).

150,28 *Philanthropie:* uneigennützige Unterstützung Bedürftiger, besonders bei Wohlhabenden (wörtl.: ›Liebe zum Menschen‹).

151,28 *sozialer Tugend:* Mill vertritt die (liberalistische) Auffassung, dass eine staatliche Fürsorge auf extreme Notlagen begrenzt sein sollte. Stattdessen soll die Eigeninitiative der Bürger gefördert werden.

155,6 *Mrs. Grundy:* für ihre Konventionalität sprichwörtlich gewordene Person in dem Schauspiel *Speed the Plough* von Thomas Morton (London 1800).

159,31 *idem velle, idem nolle*: vgl. Sallust, *Die Verschwörung Catilinas,* 20. S. 30 f.: »idem velle atque idem nolle, ea demum firma amicitia est«. »dasselbe wollen und dasselbe nicht wollen, das erst ist feste Freundschaft«.

166,17 f. *der Zeit Herodots:* vgl. Herodot, *Historien,* 3,80 (S. 281). Der Perser Otanes schlägt die Demokratie als ideale Staatsform vor, u. a. mit dem Argument, sie begehe nicht die Verbrechen, die ein Alleinherrscher mehr oder weniger zwangsläufig begehe.

Literaturhinweise

Ackermann, Ulrike: Einleitung. In: John Stuart Mill: Ausgewählte Werke. Hrsg. von U. A. und Hans Jörg Schmidt. Bd. 1: John Stuart und Harriet Taylor. Freiheit und Gleichberechtigung. Hamburg 2012. S. 23–38.

Annas, Julia: Mill and the Subjection of Women. In: Philosophy 52 (1977) S. 179–194.

Aristoteles: Politik. Übers. von Franz F. Schwarz. Stuttgart 1989 [u. ö.].

Fourier, Charles: Die Theorie der vier Bewegungen und der allgemeinen Bestimmungen [1808]. Wien / Frankfurt a. M. 1988.

Hayek, Friedrich A. von: John Stuart Mill and Harriet Taylor: Their Friendship and Subsequent Marriage. London 1950.

Herodot: Historien. Übers. und hrsg. von Kai Brodersen und Christine Ley-Hutton. Stuttgart 2019.

Hobbes, Thomas: Leviathan. Eine Auswahl. Engl./Dt. Übers. von Holger Hanowell. Hrsg. von Jürgen Klein. Stuttgart 2013.

Homer: Ilias. Odyssee. Übers. von Johann Heinrich Voß. Nachw. von Ernst Heitsch und Günter Häntzschel. Text der Ausg. letzter Hand von 1821. Stuttgart 2010.

Locke, John: Über die Regierung. Übers. von Dorothee Tidow. Hrsg. von Peter Cornelius Mayer-Tasch. Stuttgart 1974 [u. ö.].

MacMinn, Ney [u. a.]: Bibliography of the Published Writings of John Stuart Mill. New York 1970.

Mill, John Stuart: Drei Essays über Religion. Stuttgart 1984.

- Utilitarianism. Der Utilitarismus. Engl./Dt. Übers. und hrsg. von Dieter Birnbacher. Stuttgart ²2006.
- On Liberty. Über die Freiheit. Engl./Dt. Übers. von Bruno Lemke. Hrsg. und Nachw. von Bernd Gräfrath. Stuttgart 2009.
- Autobiographie. Hamburg 2011.
- Parlamentsrede über die Zulassung der Frauen zum Wahlrecht [Auszüge]. In: J. St. M.: Ausgewählte Werke. Hrsg. von Ulrike Ackermann und Hans Jörg Schmidt. Bd. 1: John Stuart und Harriet Taylor. Freiheit und Gleichberechtigung. Hamburg 2012. S. 389–402.

Nietzsche, Friedrich: Also sprach Zarathustra. Ein Buch für Alle und Keinen. Nachw. von Josef Simon. Stuttgart 1994.

Nightingale, Florence: Suggestions for Thought [1860]. Collected Works of Florence Nightingale. Bd. 11. Waterloo, Ontario 2008.

Norton, Caroline Sheridan: Observations on the Natural Claim of the Mother to the Custody of her Infant Children: As Affected by the Common Law Right of the Father. Cambridge 1836.

Okin, Susan Moller: Introduction. In: John Stuart Mill: The Subjection of Women. Hrsg. von S. M. O. Indianapolis/Cambridge 1988. S. IV–XIV.

Ovid, Metamorphosen. Lat./Dt. Übers. und hrsg. von Michael von Albrecht. Stuttgart 1994 [u. ö.].

Platon: Der Staat. Übers. und hrsg. von Gernot Krapinger. Stuttgart 2017.

Reynolds, Joshua: Discourses on Art, with Selections from The Idler [1778]. Hrsg. von Stephen O. Mitchell. Indianapolis 1965.

Ring, Jennifer: Mill's The Subjection of Women: The Methodological Limits of Liberal Feminism. In: Review of Politics 47 (1985) S. 27–44.

Rossi, Alice S.: Sentiment and Intellect. The Story of John Stuart Mill and Harriet Taylor Mill. In: John Stuart Mill / Harriet Taylor Mill: Essays on Sex Equality. Chicago/London 1970. S. 1–63.

Ryan, Alan: Introduction. In: John Stuart Mill: On Liberty and The Subjection of Women. London 2006. S. IX–L.

Sallust: De coniuratione Catalinae. Die Verschwörung Catilinas. Lat./Dt. Übers. und hrsg. von Karl Büchner. Stuttgart 1972.

Schröder, Hannelore: Einleitung. In: John Stuart Mill / Harriet Taylor Mill / Helen Taylor: Die Hörigkeit der Frau und andere Schriften zur Frauenemanzipation. Hrsg. und eingel. von Hannelore Schröder. Frankfurt a. M. 1976. S. 7–43.

Shanley, Mary L.: Marital Slavery and Friendship: John Stuart Mill's The Subjection of Women. In: Political Theory 9 (1981) S. 229–247.

– The Subjection of Women. In: John Skorupski (Hrsg.): The Cambridge Companion to Mill. Cambridge 1998. S. 96–422.

Smith, Elisabeth: John Stuart Mill's The Subjection of Women: A Reexamination. In: Polity 34 (2001) S. 181–204.

Staël, Madame [Anne Louise Germaine] de: Delphine. Genève 1802.
– Über Deutschland. Übers. von Robert Habs. Hrsg. von Sigrid Metken. Stuttgart 1962.
Stowe, Harriet Beecher: Onkel Toms Hütte. Berlin 1852.
Swift, Jonathan: Gullivers Reisen. Übers., Komm. und Nachw. von Hermann Real und Heinz Vienken. Stuttgart 2011.
Taylor Mill, Harriet: Collected Works. Bloomington 1998.
Wollstonecraft, Mary: Vindication of the Rights of Woman. Boston 1792.

Nachwort

Die Unterwerfung der Frauen, obwohl mehr als zehn Jahre nach dem Tod der Zweitautorin erschienen, ist ein Gemeinschaftswerk John Stuart Mills und seiner langjährigen Lebenspartnerin und späteren Ehefrau Harriet Taylor. (Wie weit darüber hinaus John Stuart Mills Stieftochter Helen Taylor, wie Mill in seiner Autobiographie andeutet, ihn zum Schreiben nicht nur ermuntert, sondern auch Anteile beigesteuert hat, ist umstritten.)

Das Werk ist eine Frucht der Gesprächsgemeinschaft, die zwischen beiden über 30 Jahre bestanden hatte und die erst mit dem Tod Harriets 1858 abrupt endete. Gegenstand dieser Gespräche waren gesellschaftliche und politische Reformen, die beide im viktorianischen England für notwendig hielten, um die Verhältnisse im Sinne von Gleichheit, Freiheitlichkeit und Humanität zu bessern, aber auch generationenübergreifende Visionen, die auf die gesamte Menschheit und auf eine längerfristige Zukunft zielten. Viele dieser Visionen haben ihre Gültigkeit bis heute behalten, sind aber auch heute, nach mehr als 150 Jahren, weit entfernt davon, in allen Teilen der Welt Wirklichkeit geworden zu sein.

Eine der Forderungen, die dieses außergewöhnliche Paar miteinander verband, war – als Nahziel – die vollständige rechtliche Gleichstellung von Mann und Frau, allem voran die Durchsetzung des Frauenwahlrechts in England, und – als Fernziel – die umfassende Gleichstellung der Geschlechter in allen gesellschaftlichen Hinsichten einschließlich der ökonomischen und eine entsprechende Revolutionierung der durch Erziehung und Umwelt vermittelten Einstellungen und Erwartungen.

In den Briefen, mit denen Mill und Harriet Taylor ihre enge und hingebungsvolle Beziehung während der längeren Trennungsphasen aufrechterhalten hatten, war die Infragestellung der herkömmlichen Geschlechterstereotype ein wiederkehrendes Motiv. Wir müssen annehmen, dass auch in den Zeiten, in denen sie direkt zusammen waren, es nicht selten darüber zu Auseinandersetzungen kam. Denn bei aller Einigkeit in der Grundtendenz scheinen beide doch zu Beginn ihrer Beziehung von durchaus unterschiedlichen Vorstellungen darüber ausgegangen zu sein, wie weit die Befreiung der Frauen aus ihrer traditionellen »Unterworfenheit« gehen sollte. Harriet vertrat dabei durchweg die radikaleren und »moderneren« Ansichten, Mill die konservativeren. *Subjection of Women* ist das Endprodukt dieser sich über Jahrzehnte erstreckenden Auseinandersetzung, und wie in vielen Gemeinschaftswerken lassen sich am Endprodukt noch Spuren der Meinungsverschiedenheiten erkennen, die auch der am Ende erreichte Kompromiss nicht ganz hat auflösen können.

Es ist aber zugleich mehr als das. Es ist ein Werk von bemerkenswerter Einheit von Form und Inhalt. Es dokumentiert genau jene Art des Zusammenlebens von Mann und Frau, die in ihm als Ideal entwickelt wird: das Ideal eines produktiven Zusammenlebens in freundschaftlicher Verbundenheit ohne Machtansprüche und einseitige Dominanz.

Bei einem Gemeinschaftswerk stellt sich unvermeidlich die Frage nach den auf die einzelnen Autoren entfallenden Anteilen, und wie häufig lassen sich darüber auch hier nur mehr oder weniger begründete Vermutungen anstellen. Fest steht, dass Mill der Verfasser dieses Essays ist. In seiner

Autobiographie gibt er als Zeitraum der Arbeit am Manuskript die Jahre 1860 bis 1861 an. Demnach nahm er die Arbeit zwei Jahre nach Harriets Tods auf. Wahrscheinlich war es dann politischer Kalkül, der ihn bis 1869 mit der Veröffentlichung warten ließ. Nach seinem eigenen Bekunden wollte er weitere Fortschritte der Frauenbewegung abwarten, um der Schrift eine möglichst weitreichende Wirksamkeit zu sichern.

Außer seinem Selbstzeugnis sprechen weitere Indizien dafür, dass er der alleinige Verfasser dieses Essays war: einerseits die für Mill typische Kombination von systematischer theoretischer Analyse und moralisch begründeten Reformforderungen, andererseits der für ihn nicht weniger typische rhetorische Stil.

Mit der Kombination von theoretischer Analyse und politischer Institutionenkritik stellt sich Mill vorbehaltlos in die Tradition der europäischen Aufklärung. Als Theoretiker geht es Mill darum, die Vorurteilshaftigkeit der vorherrschenden Überzeugungen über die ›Natur‹ der Geschlechter nachzuweisen und das falsche Bild zu korrigieren, das sich die Menschheit, soweit wir zurückdenken können, von den Potentialen und Fähigkeiten der Frauen macht. Als politischer Reformer geht es ihm zugleich darum, die aus diesen Überzeugungen erwachsenden Privilegierungen des männlichen Geschlechts in Frage zu stellen. Dabei dient ihm die Forderung nach rechtlicher Gleichstellung der Frauen mit den Männern (und zuallererst das Frauenwahlrecht, für das er auch als Politiker nachdrücklich eingetreten ist) als Türöffner für eine grundlegende Änderung in den gesellschaftlichen Zuschreibungen. Das Fernziel eines gewandelten öffentlichen und privaten Umgangs der Geschlechter miteinander scheint ihm allerdings nur dann erreichbar, wenn Frauen über öffentliche Belange wie Erziehung und Bildung mit dem gleichen Recht wie die Männer mitbestimmen können. Die rechtliche Gleichstellung würde den Frauen nicht nur die Chance verschaffen, hinsichtlich Status und Respektabilität mit den Männern gleichzuziehen, sondern auch die Chance, über weitere Reformen, die ihre Stellung verbessern können, mit eigener Stimme mitzubestimmen. Wie in anderen Schriften denkt Mill auch hier in einer langfristigen, sich über mehrere Generationen erstreckenden Perspektive. Das Frauenwahlrecht ist für ihn nur der erste Schritt in einer langen Reihe von Reformen, die von der Rechtsgleichheit zur Chancengleichheit und schließlich zur effektiven Gleichheit führen. Das Fernziel besteht in einem nachhaltigen Wandel der allgemeinen gesellschaftlichen Lebensverhältnisse. Nachhaltig kann dieser Wandel nur dann sein, wenn er stabil von gewandelten Anschauungen getragen wird.

Mills Verfasserschaft zeigt sich andererseits an stilistischen Eigentümlichkeiten, die all seinen an die Öffentlichkeit adressierten Schriften gemeinsam sind: eine prekäre Balance zwischen grundsätzlichen Argumenten und auf die Gegner seiner Zeit gezielten *ad-hominem*-Attacken; eine für einen englischen Autor ungewöhnlich verschlungene, an den lateinischen Klassikern geschulte Schreibweise; und ein rhetorischer Gestus, der auch vor Übertreibungen nicht zurückschreckt, wenn es darum geht, einer These durch Drastik Nachdruck zu verleihen. Wie Mill in *Utilitarianism* die ›drastische‹ These vertritt, dass das Leben eines unzufriedenen Sokrates dem Leben eines zufriedenen

Narren vorzuziehen sei, charakterisiert er in diesem Essay das Rechtsverhältnis zwischen Ehegatten nicht weniger drastisch als das zwischen Herrn und Leibeigenem (die erste deutsche Übersetzung hatte den Titel *Die Hörigkeit der Frau,* ›hörig‹ im Sinne von Leibeigenschaft), auch wenn er gleichzeitig zugestehen muss, dass Ehefrauen anders als Sklaven kein handelbares Gut sind und dass die Mehrheit der Ehegatten diese Charakterisierung für sich kaum akzeptieren wird. Wodurch er sich dennoch zu dieser Darstellung berechtigt fühlt, ist einerseits der zu seiner Zeit in der Tat krass ungleiche objektive Rechtsstatus der Eheleute, der dem Mann nahezu alle und der Ehefrau nahezu keine Rechte zuerkennt, andererseits die erschreckende Bilanz an brutalen Gewalttaten von Ehemännern gegen ihre Frauen, die, wie Mill unter anderem in seinen Parlamentsreden zum Frauenwahlrecht kritisiert, von der englischen Justiz mit übermäßiger Milde behandelt wurden.

Während die Verfasserschaft eindeutig bei Mill liegt, geht der Gehalt der formulierten Ideen überwiegend auf Harriet Taylor zurück. Dafür gibt es eine Vielzahl einander stützender Belege.

Erstens haben wir dazu das Zeugnis von Mill selbst. In der von ihm selbst erstellten Liste seiner Manuskripte führt er den Essay ebenso als »conjoint work«, als Gemeinschaftswerk, wie den Essay über Freiheit auf, während sich diese Bezeichnung bei seinen Schriften zur Logik bezeichnenderweise nicht findet.[1] Glaubt man dem, was Mill in seiner Autobiographie schreibt, stammen die im Essay ausgedrückten Ideen aus dem gemeinsamen Gedankengut,

1 MacMinn [u.a.], *Bibliography.*

das sich beide durch ihre Gespräche zu eigen gemacht hatten, die wichtigsten und tiefsten (»the most striking and profound«) jedoch von seiner verstorbenen Frau.

Zweitens weist der Essay – teilweise bis in die Formulierungen hinein – große Übereinstimmungen mit einem Essay auf, der ganz überwiegend von Harriet Taylor allein verfasst, aber ebenfalls unter Mills Namen veröffentlicht wurde, nämlich *Enfranchisement of Women* (*Über Frauenemanzipation*). In diesem 1851 in der *Westminster Review* veröffentlichten Essay (den für die deutschsprachige Ausgabe von Mills Werken der junge Sigmund Freud übersetzte) findet sich bereits ein Großteil der Grundgedanken des vorliegenden Essays, andere in noch früheren, bereits in den 1830er Jahren verfassten Schriften Harriets.

Drittens verrät die ungewöhnliche Konkretheit einiger der über den Essay verteilten Beispieldiskussionen die Handschrift eines Autors von stärkerer Vertrautheit mit den praktischen Angelegenheiten des Alltags, als sie Mill zu eigen war. Was hier etwa über Frauenmode gesagt wird, kann kaum aus der Feder Mills stammen, der seine *aloofness*, die ›Hans-guck-in-die-Luft‹-Haltung des über den Niederungen des Alltags schwebenden Gelehrten, sein ganzes Leben hindurch beibehalten hat. Kurz: Insgesamt scheint für *Die Unterwerfung der Frauen* Ähnliches zu gelten wie das, was Mill über seine *Prinzipien der politischen Ökonomie* gesagt hat: »Die abstrakten und rein wissenschaftlichen Teile fielen mir zu, das menschliche Element geht auf sie zurück.« Mill hat die gemeinschaftliche Autorschaft an *Subjection of Women* – wie auch die an *On Freedom* (*Über die Freiheit*) – anerkannt, seine Mitautorin sogar überschwänglich in den Himmel gehoben. Nur auf dem

Titelblatt hat er sie nicht gewürdigt. Warum? Hätte er nicht gerade durch die Offenlegung des Anteils von Harriet Taylor die produktive Partnerschaft, die er in seinem Essay als Modell propagiert, für seine und die nachfolgenden Generationen als Exempel herausstellen können? Wäre es für den notorischen Moralisten Mill nicht schlicht anständig gewesen, den Anteil von Harriet Taylor auch im Titel nicht zu verleugnen? Die plausibelste Antwort scheint, dass der überzeugte Utilitarist Mill folgenorientierte Gründe hatte, seine alleinige Autorschaft zu behaupten, ebenso wie er das bereits bei *Enfranchisement of Women* getan hatte. Einer dieser Gründe war, dass Mill als öffentlich bekannter Autor stets auch strategisch dachte und operierte. Wie bereits bei der hinausgezögerten Veröffentlichung von *Die Unterwerfung der Frauen* war er bemüht, seine Botschaft möglichst wirkungsvoll »unters Volk zu bringen«. In seiner Autobiographie bemerkt er – ganz ohne Selbstkritik –, dass er keine Gelegenheit ausgelassen habe, seine Auffassungen zu verbreiten. Man wird vielleicht sogar behaupten können, dass das Wort von dem »jugendlichen Propagandismus«, mit dem Mill das vierte Kapitel seiner Autobiographie überschrieben hat, keineswegs nur auf den jugendlichen, sondern auf den ganzen Mill zutrifft.

Mill hat auch ganz konkrete Schritte unternommen, seine Philosophie zu popularisieren. 1865 veranstaltete er eine preiswerte Volksausgabe der wichtigsten seiner Schriften, damit sie für die Leser aus der arbeitenden Klasse erschwinglich wurden. Tatsächlich war die Auflage äußerst erfolgreich. Ähnliche Absichten scheinen auch sein Bestreben zu erklären, die durch den großen Erfolg seiner Hauptwerke *System der Logik* und *Prinzipien der Nationalökono-*

mie etablierte Autorität für die Verbreitung von Pamphleten wie *Der Utilitarismus* und *Die Unterwerfung der Frauen* zu nutzen, die gängigen Konventionen zuwiderliefen und von denen er erwarten musste, dass sie beim Publikum auf weniger Gegenliebe stoßen würden.

Man kann das Ganze als Paradoxon sehen: Mill war zwar ein zu seiner Zeit ausgesprochen populärer Philosoph, seine Gedanken aber waren überwiegend unpopulär. Der Verbreitung seiner Ideen wäre das Eingeständnis, Bücher wie *Über die Freiheit* und *Prinzipien der Nationalökonomie* zusammen mit Harriet Taylor verfasst zu haben, entschieden abträglich gewesen, vor allem angesichts der Bekanntheit der Tatsache, dass Harriet Taylor mit einem anderen Mann verheiratet war und der Hinweis auf eine Kooperation zusätzlichen Anstoß erregt hätte. Möglich ist auch, dass Mill Harriet Taylors Ehemann John Taylor nicht zusätzlich kompromittieren wollte, der sich dem Paar gegenüber ungewöhnlich großzügig erwiesen hatte, z. B. dadurch, dass er diesem für ihre Zusammenkünfte ein eigenes Landhaus zur Verfügung stellte.

Sehr viel weniger klar – und unter den Kommentatoren umstritten – ist, wie weit nicht nur die formalen, sondern auch die inhaltlichen Zugeständnisse, die Mill in diesem Essay an den Zeitgeist macht, auf strategische Überlegungen zurückgehen oder stattdessen Mills eigene, im Vergleich zu Harriets deutlich konservativere Ansichten wiedergeben. Offenkundig ist, dass Harriet Taylor in *Enfranchisement of Women* deutlich radikalere und aus damaliger Sicht deutlich utopischere Ansichten vertreten hatte. Zwar sind sich beide in der Ablehnung der Rechtsungleichheit und der Einschränkungen in der Berufswahl der Geschlechter einig. Doch anders als Mill in dem späteren Essay hatte Harriet für die Frauen die vollständige Freiheit bei der Wahl der Rolle gefordert, die Frauen in der Familie übernehmen. Nicht nur alleinstehende Frauen, sondern alle Frauen einschließlich der Ehefrauen sollten eine eigene Karriere einschlagen können. Idealiter sollten beide Partner gleichberechtigt und zu gleichen Anteilen beide Rollen übernehmen. Mill dagegen hält an der traditionellen Rollenverteilung fest, bei der die Frauen primär für Haushalt und Erziehung der Kinder zuständig sind und die Männer für den Erwerb des Familieneinkommens – womit sich Mill der Frage aussetzt, warum die Frauen, wie er es fordert, statt zu Püppchen der Männer zu autonomen und selbstbewussten Persönlichkeiten erzogen werden sollten, wenn sie keine realistische Chance haben, diese auch zum Einkommenserwerb zu nutzen. Anders als Mill sah es Harriet überdies als unerlässlich an, die Frauen auch dann, wenn sie ausschließlich im Haushalt tätig waren, angemessen zu entlohnen und dies nicht dem Gutdünken ihrer Ehemänner zu überlassen.

Es ist wenig wahrscheinlich, dass Harriet ihre Meinungen in späteren Jahren aufgegeben hat oder dass es, wie Mill in der Autobiographie behauptet, zu einer allmählichen Annäherung der ursprünglich divergierenden Auffassungen gekommen ist. Wahrscheinlicher ist, dass Harriet gegen Mills in *Subjection of Women* geäußerte Ansichten ebenso heftig Protest eingelegt hätte wie gegen das, was sie zu Lebzeiten bei ihrem Lebensgefährten als dessen Anbiederung an die frauenfeindlichen Ansichten seines Briefpartners Auguste Comte (1798–1857) wahrgenommen hatte.

Wie erklären sich also die zahlreichen Abschwächungen, die Mill in der vorliegenden Schrift vorgenommen hat? In dieser Frage stehen sich zwei Interpretationen gegenüber. Nach der ›strategischen‹ Interpretation formuliert Mill seine radikalen Meinungen aus strategischen Gründen in einer so weit abgemilderten Form, dass sie viel von ihrer ursprünglichen Schärfe einbüßen, dafür aber für das breitere Publikum akzeptabler werden und eine größere Zahl seiner zeitgenössischen Leser erreichen. Nach der ›authentischen‹ Interpretation dachte Mill tatsächlich so ›konservativ‹, wie er formuliert, mit der Folge, dass Mills anfängliche enthusiastische Beschwörung der Gleichstellung der Geschlechter *in abstracto* sehr viel mehr verspricht, als er *in concreto* halten kann. In beiden Fällen resultieren inhaltliche Spannungen und Widersprüche ähnlich denen, die Mills Essay *Der Utilitarismus* vorgehalten worden sind.

Im Einzelnen spricht viel dafür, die Abschwächungen, die Mill an den Positionen Harriets vornimmt, strategischen Motiven zuzuschreiben, wobei allerdings auch Unterschiede in Mentalität und Temperament der beiden Autoren in Rechnung zu stellen sind: Harriet war wesentlich direkter und konfliktfreudiger als der zu Mäßigung und Konzilianz neigende Mill. Während sie kein Blatt vor den Mund nahm und sich mit Verallgemeinerungen nicht zurückhielt, milderte er fast alle seine Allgemeinaussagen durch den Vorbehalt ab, dass sie – eine Herausforderung für seine Übersetzer – lediglich im Allgemeinen und mit Ausnahmen gelten. Auch ihre Temperamente waren gegensätzlich. Harriet wird von ihren Zeitgenossen als »feurig« beschrieben, er als eher trocken. Von ihr scheint das Feuer gekommen zu sein, ohne dass sich sein trockenes

Gelehrtentum nicht entzündet hätte. Mills Produktivität bedurfte also anscheinend des äußeren Anstoßes. Bezeichnenderweise schrieb er in einem Brief an Harriet: »Ohne Dein Drängen könnte ich nichts schreiben, wofür am Leben zu bleiben sich lohnte.«[2] Und kurz nach dem plötzlichen Tod seiner Frau 1858 schrieb er in einem wortwörtlich todtraurigen Brief an den Freund William T. Thornton (1813–1880): »Die Triebfeder meines Lebens ist gebrochen.«[3]

Ein Indiz dafür, dass für Mill als Autor strategische Überlegungen eine Rolle spielten, ist die Tatsache, dass er eine ganze Reihe von Anliegen, von denen wir wissen, dass sie ihm am Herzen lagen, unerwähnt lässt, obwohl sie für die Thematik der Gleichstellung der Geschlechter unmittelbar relevant sind. Offensichtlich wollte er die Schockwellen, die sein Text auslösen würde, im Vorhinein flach halten.

Dazu gehört seine – zumal für den heutigen Leser – befremdliche Zurückhaltung hinsichtlich der Frage der Ehescheidung, deren Erleichterung er in einem früheren Essay gefordert hatte. In *Unterwerfung der Frauen* fordert Mill zwar ein Recht auf Trennung, aber kein Recht auf Scheidung. Hierzu ist anzumerken, dass eine Scheidung zu Mills Zeit in England nahezu unmöglich war, da sie so teuer war, dass sie sich nur wenige leisten konnten. (In einem Brief von 1870 äußerte Mill die Auffassung, die Frage des Ehescheidungsrechts könne so lange warten, bis die Frauen wahlberechtigt sein würden und mitentscheiden könnten.)

2 Hayek, *John Stuart Mill and Harriet Taylor*, S. 244.
3 Ebd., S. 314.

Auch verliert Mill kein Wort über seine Auffassungen zur Geburtenkontrolle, obwohl sich doch die Verfügbarkeit von Mitteln der Geburtenkontrolle als Mittel anböte, Frauen eine Chance auf eine eigene Lebensplanung zu verschaffen.

Allerdings war seine Zurückhaltung in beiden Punkten nicht nur strategisch motiviert, sondern auch strategisch weise. Mit der Offenbarung seiner zu seiner Zeit höchst unorthodoxen Ansichten über Ehescheidung und Geburtenkontrolle hätte er sich und dem Anliegen der Frauenemanzipationen vermutlich keinen Dienst erwiesen. Als guter Politiker hält sich Mill mit allen Ansichten (wie etwa seinem Atheismus) zurück, die Anstoß erregen könnten und nicht unmittelbar zur Debatte stehen.

John Stuart Mill und Harriet Taylor waren von der Notwendigkeit der rechtlichen und sozialen Gleichstellung der Geschlechter überzeugt, bevor sie sich durch die Vermittlung von William Fox (1786–1864), dem Herausgeber der Zeitschrift *Monthly Repository*, kennenlernten. Beide gehörten Gesprächszirkeln mit dezidiert reformerischen Ideen an, Harriet dem der stark weltlich orientierten freien Religionsgemeinschaft der Unitarier (der *Monthly Repository*, das Sprachrohr dieser Gruppe, veröffentlichte unter anderem Artikel zur Gleichberechtigung von Harriet Martineau), Mill dem der Utilitaristen, der sogenannten *Radicals*. Bei den *Radicals* stieß unter anderem die Auffassung von Mills Vater James Mill (1773–1836) auf Kritik, dass es eines gleichen Wahlrechts nicht bedürfe, da nicht nur die Interessen der Arbeiterklasse von der Mittelschicht mitvertreten werden könnten, sondern auch die der Frauen von ihren Vätern und Brüdern.

John Stuart Mill war in diesem Punkt entschieden anderer Ansicht. Bereits 1824 hatte der 18-Jährige in einem in der *Westminster Review* veröffentlichten Artikel die Auffassung kritisiert, es könne eine getrennte Moral für Männer und Frauen geben. Außerdem gehörten diesem Kreis eindrucksvolle Frauengestalten an, die für Mill Modelle von Kultivierung und Emanzipation waren, etwa Mills mütterliche Freundin Sarah Austen (1793–1867), die dem 15-jährigen Mill Deutsch beigebracht hatte. Die Inspiration für die Forderung nach rechtlicher und sozialer Gleichstellung der Geschlechter kam dabei aus vielen Quellen, vor allem von Mary Wollstonecrafts (1759–1797, der Mutter der *Frankenstein*-Autorin Mary Shelley) epochalem Traktat *A Vindication of the Rights of Woman* von 1792, in dem bereits die volle Rechtsgleichheit der Frauen gefordert wird, aber auch von den Frühsozialisten, darunter William Thompson (1775–1833), Robert Owen (1771–1858), Charles Fourier (1772–1837) und den Saint-Simonisten, den Anhängern des französischen Frühsozialisten Henri de Saint-Simon (1760–1825). Fourier hatte sich nicht nur für die Geleichberechtigung der Geschlechter ausgesprochen, sondern auch als Erster den Begriff Feminismus geprägt. Vor dem Hintergrund der Prinzipien und Ideale, die für Mill bestimmend waren, bedeutete die Ungleichheit der Geschlechter ein *skandalon*, das auch dadurch, dass sich die Menschheit seit Menschengedenken teils damit abgefunden, es teils aktiv unterstützt hatte, nicht weniger anstößig wurde. Diese Ungleichheit widersprach so gut wie allen moralischen Werten, an denen er sein Denken und Handeln orientierte: der fundamentalen Rechtsgleichheit aller Menschen; der Freiheit des Einzelnen sowohl gegenüber dem Staat als auch gegenüber der Gesellschaft und ihren Konventionen; dem utilitaristischen Prinzip der (längerfristigen) Nützlichkeit von sozialen Normen und Institutionen und nicht zuletzt seiner Überzeugung, dass der Fortschritt der Gesellschaft wesentlich von der intrinsischen moralischen Motivation (der »Tugend«) seiner Mitglieder abhängt.

Wie nahezu immer argumentiert Mill mehrgleisig – mit Berufung auf eine Vielzahl von Werten und Idealen, bei denen offenbleibt, wie weit sie sich auf einen einzigen als ihren gemeinsamen Nenner zurückführen lassen.

Dass die *Rechtsgleichheit* von Mann und Frau eine unmittelbare Konsequenz aus den gleichen Menschenrechten ist, hatte bereits Mary Wollstonecraft in ihrem Traktat vertreten, der ein Jahr nach Thomas Paines (1736–1809) *Rights of Man* (1791) erschienen war. Dagegen hatten selbst von der ursprünglichen moralischen Gleichheit aller Menschen ausgehende Denker wie Thomas Hobbes (1588–1679) und John Locke (1632–1704) in ihren politischen Philosophien an der herkömmlichen Unterordnung der Frauen unter die Männer festgehalten. Nach Hobbes ist der Familienvater innerhalb der Familie der »natürliche Souverän«[4]. Nach Locke fällt die Vormundschaft über die Kinder dem Vater zu, vor allem kraft seiner Fähigkeit, seinen Besitz an die Kinder zu vererben.[5]

Diese Ableitungen wurden nicht nur von Mill in Frage gestellt. Doch Mill verbindet die Kritik an ihnen mit einer grundsätzlichen Infragestellung der verfänglichen Rolle

4 Hobbes, *Leviathan*, Tl. 2, Kap. 20, S. 425.
5 Locke, *Über die Regierung*, Kap. 6, § 72, S. 54.

der vieldeutigen Begriffe ›Natur‹, ›natürlich‹ und ›Natürlichkeit‹, die er bereits in seinem (erst postum veröffentlichten) Essay *Natur* zum Gegenstand der Analyse gemacht hatte. Danach liefern ›natürliche‹ Unterschiede, im Sinne von naturwüchsigen Ungleichheiten (wie die zwischen der durchschnittlichen Körperstärke von Männern und Frauen), keinen Grund dafür, ihnen deshalb auch unterschiedliche ›natürliche Rechte‹ im Sinne von rational einsehbaren Grundrechten zuzuschreiben. Das heißt, ›natürliche‹ Unterschiede rechtfertigen nicht von sich aus und ohne weitere Wertprämissen einen unterschiedlichen Rechtsstatus.

Allerdings: In gewisser Weise unterläuft Mill diese Einsicht im gegenwärtigen Essay, und sogar in mehr als einer Hinsicht. Einmal bedient sich auch Mill stellenweise der im Grundsatz von ihm kritisierten Argumentationsform, bestimmte Aufteilungen der Tätigkeiten von Mann und Frau damit zu rechtfertigen, sie seien ›naturgemäßer‹ als andere. Andererseits begibt er sich dadurch in ein argumentatives Dilemma, dass er – nicht anders als Hobbes und Locke – den Besitz von Rechten und sozialen Chancen von der ›Natur‹ der Frau abhängig macht und lediglich behauptet, diese sei aufgrund der historischen Vorherrschaft diskriminierender Frauenbilder bis dato nicht angemessen abzuschätzen. Was die ›Natur‹ der Frau im Unterschied zu der des Mannes sei, könne sich erst unter Bedingungen der Gleichheit herausstellen, die jedoch bisher nirgends verwirklicht worden seien. Die Konsequenz daraus wäre, dass die Gewährung von Rechts- und Chancengleichheit allenfalls als historisches Experiment gesehen werden könnte. Angenommen, dass sich Frauen auch unter Bedingungen der Chancengleichheit als in relevanten Hinsichten unterlegen erweisen: Müssten ihnen die probeweise verliehenen Rechte dann erneut abgesprochen werden?

Ebenso wenig ist die bestehende Ungleichheit der Geschlechter für die Autoren unter dem Aspekt der *Freiheit* zu rechtfertigen. Durch die Beschränkungen des Zugangs zu höheren Berufen, zu Bildungsmöglichkeiten und zur Verfügung über das eigene Einkommen werden den Frauen für eine selbständige und selbstverantwortete Lebensführung entscheidende Freiheitsrechte vorenthalten. Aus Mills und Harriet Taylors Sicht ist das Ausmaß, in dem die sozialen Konventionen der viktorianischen Gesellschaft die persönliche Freiheit beschneiden und die Rigorosität, mit der sie – wie beide am eigenen Leibe erfahren mussten – Regelverstöße mit sozialer Ächtung bestrafen, ohnehin unverhältnismäßig. Schwerer noch wiegt, dass es der Staat für nötig hält, diese Konventionen (wie die, die die Ehescheidung erschweren oder dem Ehemann die Verfügung über das Familienvermögen zusprechen) mit Gesetzeskraft auszustatten. Die Freiheit der Frauen sehen sie vor allem durch die Konventionen und Gesetze bedroht, die die Machtverhältnisse innerhalb der Familie absichern. Das Grundübel liegt für sie nicht in der öffentlichen Rolle der Frauen, sondern im Familienleben. Die Familie ist für sie die eigentliche Brutstätte von Despotie, mit verhängnisvollen Folgen für das gesamte Leben der in ihr Aufwachsenden.

Während die Partien des Essays, die beschreiben, wie Frauen von Kind auf zu Sitte und Gehorsam und Männer zu Freiheit und Stolz erzogen werden, an den Essay *On Liberty* (*Über Freiheit*) erinnern, finden sich in anderen Teilen unübersehbare Parallelen zu Mills *Utilitarianism* (*Der*

Utilitarismus) und der dort verteidigten Version eines Nach-Bentham'schen Nützlichkeitsprinzips. Ein ganzes Kapitel des Essays ist der Frage gewidmet, wie weit die Gesellschaft mit der Diskriminierung der Frauen nicht nur die von der Aufklärung etablierten Gleichheitsprinzipien kompromittiert und die Freiheit der Frauen dem Bemächtigungsdrang des männlichen Teils der Menschheit zum Opfer bringt, sondern wie weit sie sich damit auch mögliche Fortschrittsgewinne entgehen lässt. Mill und Taylor denken dabei vor allem an Fortschritte in den Dimensionen, die sie für das Wohlergehen von Gesellschaften für ausschlaggebend halten: Weiterentwicklung in Bildung, Moral und Politik. Die männliche Dominanz mag sich in Bezug auf den wissenschaftlichen, technischen und ökonomischen Fortschritt auszahlen. Der Weg zu einer Humanisierung der Gesellschaft führt jedoch wesentlich über ein durch wechselseitige Achtung, Liebe und Moralität geprägtes familiäres und gesellschaftliches Zusammenleben, und dafür scheint Gleichberechtigung eine bessere Grundlage abzugeben. Für Mill wird der Mensch als krasser Egoist geboren. Alles Positive, das er für seine Mitmenschen empfindet, wird ihm erst in seinen ersten Jahren von seiner Umwelt vermittelt. Nur von einem Familienleben, das statt von Machtbeziehungen von gleichen Rechten und Freiheiten bestimmt ist, ist zu erwarten, dass es den Weg ebnet zu einer von Rücksicht und Mitmenschlichkeit bestimmten Gesellschaft.

Insofern gilt den Autoren ein auf Gleichheit gegründetes Familien- und Eheleben auch als Schule der »Tugend«. Gleichberechtigung, davon sind sie überzeugt, würde sowohl die Frauen als auch die Männer moralisch bessern. Ihr

Argument dafür ist, dass einseitige Abhängigkeit dazu tendiert, beide – den Herrn wie den Knecht – moralisch zu korrumpieren. Einseitige Macht und eine Erziehung, die auf solche Macht vorbereitet, birgt für die Herren das Übel narzisstischer Selbstübersteigerung und bedenkenloser Ausbeutung, und für die Knechte, zur Durchsetzung der eigenen Interessen auf List und Tücke zurückgreifen zu müssen. Gleichberechtigung würde demgegenüber *team spirit* ermöglichen und ein Aushandeln der Rollenverteilung auf Augenhöhe.

Von denselben Prinzipien ist auch das Eheideal geprägt, das Mill und Taylor in dem vorliegenden Essay propagieren und das unschwer als Projektion des Bildes zu erkennen ist, das sie sich von ihrer eigenen Beziehung machten: Sie verstehen die Ehe als Freundschaftsverhältnis und Lernprozess, der für beide Partner eine Bereicherung bedeutet und sie beide über ihre ursprünglichen Grenzen hinausführt. Mehr als alles andere in diesem Essay wurde dieses Eheideal von den Zeitgenossen als Zumutung empfunden. Indem es die Gleichgesinntheit und freundschaftliche Verbundenheit der Partner in den Mittelpunkt stellte, sah es ganz von den ›natürlichen‹ Funktionen der Ehe und insbesondere von ihren reproduktiven Funktionen (wie Sexualität und Aufzucht von Kindern) ab.

Aus heutiger Sicht kann man feststellen, dass diese Sichtweise Entwicklungen vorausnimmt, die sich in den fortgeschrittensten Industrienationen erst im späten 20. Jahrhundert zu realisieren begonnen haben. Der Ursprung dieses Ideals liegt teilweise in biographischen Umständen: Harriet Taylor erlebte ihre arrangierte Verheiratung als junge Frau von 18 Jahren mit dem mehr als zehn

Jahre älteren Kaufmann John Taylor als Fremdbestimmung, ebenso wie die Selbstverständlichkeit, mit der dieser sie sexuell in Besitz nahm (und sie dabei möglicherweise mit Syphilis infizierte). Vielleicht erklärt das zumindest teilweise die für den modernen Leser befremdliche, sich durch den gesamten Essay hindurchziehende Abwertung der Sexualität.

Mill stand seinerseits das Schreckbild seiner Herkunftsfamilie vor Augen, in der der Vater ein tyrannisches Regime führte (in einem später verworfenen Entwurf zu seiner Autobiographie schrieb Mill: »Ich wuchs auf ohne Liebe und voller Furcht«), und die Mutter mit der Versorgung ihrer neun Kinder mehr als ausgelastet war.

Eine historische Kuriosität ist, dass Nietzsche, der Mill als effeminiert und als genaues Gegenteil seines Ideals des Übermenschen sah (und keine Gelegenheit zur Polemik ausließ), in diesem Punkt mit Mill einig war: Nicht Liebe oder Begehren, sondern »echte Freundschaft« soll die Grundlage der Ehe sein, die Nietzsche als »lebenslanges Gespräch« bezeichnete. Im *Zarathustra* stellt er eine Frage, die – weniger pathetisch formuliert – durchaus auch in *Subjection of Women* stehen könnte: »Allzulange war im Weibe ein Sclave und ein Tyrann versteckt. [...] Noch ist das Weib nicht der Freundschaft fähig. Aber sagt mir, ihr Männer, wer von euch ist denn fähig der Freundschaft?«[6]

Philosophie und Leben berühren sich sowohl bei Nietzsche als auch bei Mill aufs Engste. Wie nah Mill in seinem Leben seinem und Harriets Ideal des freundschaftlichen Seelenbundes entsprach, ist allerdings nicht leicht zu sa-

6 Nietzsche, *Also sprach Zarathustra*, S. 58.

gen. Seine Briefe an Harriet beweisen, dass er nicht nur zeitlebens an ihr hing, sondern auch überschwänglich in sie verliebt war. Bezeichnenderweise ließ er sich nach ihrem Tod an dem Ort (Avignon) nieder, an dem sie während einer Reise gestorben war, und bezog dort eine Wohnung, von der aus er freien Blick auf ihr Grab hatte. Er vergötterte sie letzten Endes – so weit, dass er sich ihr bedingungslos unterordnete und sich damit selbst zum »Unterworfenen« machte.

Die Wirkung, die der vorliegende Essay zu Mills Zeiten und bis heute entfaltet hat, fällt gegenüber anderen von Mills Schriften und insbesondere gegenüber seinem Pendant *Utilitarianism* stark ab. Beide Schriften sind ausgearbeitete Pamphlete, die primär auf das zeitgenössische gebildete Publikum zielen. Sie sind in der Sache propagandistisch und provozierend, dem Modus nach aber so weit abgemildert, dass sie trotz allem möglichst wenige verprellen. Beide Male war es Mills Absicht, den bürgerlichen Kreisen, in denen er selbst verkehrte, Ideen und Bewegungen nahezubringen, die diesen hochgradig verdächtig waren. Beide Male geht er mit der Anpassung an die vorherrschenden Überzeugungen so weit, wie es seine intellektuelle Redlichkeit nur irgendwie zuließ (und vielleicht gelegentlich sogar noch weiter), in *Der Utilitarismus* etwa durch seine Ersetzung des krassen Hedonismus Benthams durch seine von Platon entlehnte Theorie der niederen und höheren Formen von Lustgewinn, in *Die Unterwerfung der Frauen* durch die Bekräftigung der ›natürlichen‹ Rollenverteilung zwischen Mann und Frau trotz aller behaupteten Leerformelhaftigkeit des Natürlichkeitsbegriffs. Doch während *Utilitarianism* seit seinem Erscheinen ein Standard-

und Referenztext der angelsächsischen moral- und populärphilosophischen Debatte war und bis heute geblieben ist (in ähnlicher Weise ist *On Liberty* bis heute ein Grundtext des Liberalismus geblieben), war das Feuer, das die Schrift *The Subjection of Women* bei Erscheinen bei Freunden und Feinden entfachte, eher ein Strohfeuer. Wie zu erwarten, griff die Frauenbewegung die in ihr enthaltenen Gedanken mit großer Begeisterung auf, vor allem weil sich nun ein allseits bekannter Autor auf ihre Seite stellte. Deutsche, französische und polnische Übersetzungen entstanden in allerkürzester Zeit. Die erste deutsche Übersetzung von Jenny Hirsch erschien bereits in demselben Jahr wie das Original. Es kam jedoch nicht zu einer differenzierteren Auseinandersetzung mit dessen Inhalten. Eine wissenschaftliche Diskussion setzte sogar erst mit dem Wiedererwachen der Frauenbewegung in den 1970er Jahren ein: Die erneute Herausgabe des Textes als Taschenbuch durch die amerikanische Soziologin Alice S. Rossi (1922–2009) hatte wesentlichen Anteil daran, dass er erneut gelesen und diskutiert wurde. Zusammen mit Betty Friedan (1921–2006) hatte Rossi bereits in den 1960er Jahren in Artikeln zur sozialen Gleichstellung der Geschlechter wesentlich zur Entstehung des modernen Feminismus beigetragen. Im Vorwort ihrer Ausgabe von *Subjection of Women* schreibt sie:

> Für die Frauen des 20. Jahrhunderts, für die sich an ihrer Situation, wenn nicht sogar an ihren formellen Rechten, unter den bestehenden Regierungsformen wenig geändert hat, bleibt *Subjection of Women* eine emphatische Bekräftigung ihres Menschenrechts auf Gleichheit und

eine subtile Analyse der Hindernisse, die sie auf dem Weg dahin überwinden müssen.[7]

In den Kreisen, auf die der Essay zielte, waren die unmittelbaren Reaktionen ganz überwiegend negativ – ablehnender als die auf irgendeine andere der Schriften Mills. Es war das erste Buch aus Mills Feder, bei dem der Verleger Geld verlor, und auch in die von Theodor Gomperz (1832–1912) herausgegebene deutsche Werkausgabe wurde es nicht aufgenommen, obwohl Mill sich dies ausdrücklich gewünscht hatte. Der Essay wurde zwar zur Kenntnis genommen und rezensiert. Doch die häufigste Reaktion war Hohn und Spott. Mill wurde sogar als Verrückter abgestempelt, »der mit logischen Argumenten beweise, dass der gesamte Rest der Welt verrückt sei«.[8] Selbst ein langjähriger Freund und Weggefährte wie der Philosoph und Psychologe Alexander Bain (1818–1903) distanzierte sich von den vermeintlichen Ungeheuerlichkeiten. Man kreidete dem Werk vor allem Arroganz, Intoleranz und Rücksichtslosigkeit gegenüber den Gefühlen anderer an.

Diese Kritik ist aus heutiger Sicht inhaltlich schwer nachzuvollziehen. Sie trifft aber möglicherweise doch eine Tendenz des Textes und indirekt seiner Autoren, die auch aus heutiger Sicht befremdlich wirkt: Unleugbar ist ein Zug zum Elitären und zur Verächtlichmachung der Lebensführung des Normalbürgers – etwa wenn die Selbstvervollkommnung durch gemeinsame Verfolgung hoher Mensch-

7 Rossi, »Sentiment and Intellect«, S. 58 f.

8 Smith, »John Stuart Mill's *The Subjection of Women*: A Reexamination«, S. 202.

heitsziele zur Norm gemacht wird. Auch in ihren Briefen neigten Mill und Harriet zur gegenseitigen Verherrlichung als über dem in ihrer Zeit vorherrschenden engherzigen Geist stehende freisinnige Philosophen, die sicher sind, dass die Tage, in denen ihre Ideen zum Gemeingut geworden sind, kommen werden – wenn nicht in der nächsten, so doch in einer der folgenden Generationen.

In der gegenwärtigen Generation sind viele von Mills Ideen in der Tat zum Gemeingut geworden. Wie Mill in seiner Autobiographie meinte, dass er als frühreifer jugendlicher Gelehrter mit einem Vorsprung von einem Vierteljahrhundert seinen Zeitgenossen voraus war, war er als Denker insgesamt seiner Zeit weit voraus. Mitten im 19. Jahrhundert diskutierte er Probleme, die insbesondere in der westlichen Welt erst im 20. und 21. Jahrhundert öffentlich verhandelt worden sind: Wie viel Sozialismus ist mit Demokratie vereinbar? Wie weit darf die individuelle Freiheit gehen, ohne die Stabilität der gesellschaftlichen Ordnung in Gefahr zu bringen? Ist ein Verzicht auf Wirtschaftswachstum mit sozialer Kreativität vereinbar? Welche Sinnorientierungen treten an die Stelle der absterbenden Religionen?

Viele der von ihm konzipierten Reformen sind mittlerweile realisiert. Zwar hat Mill sein Ziel der Einführung des Frauenwahlrechts in seiner Zeit als Politiker nicht erreicht. Trotz seines Scheiterns hat er seine Parlamentsreden zum Frauenwahlrecht und die Tatsache, dass er für seinen Antrag, im Zuge der Wahlrechtsreform von 1867 das Wahlrecht auf Frauen auszuweiten, einen Achtungserfolg von 73 Ja-Stimmen errang, in seiner *Autobiographie* als seinen wichtigsten Erfolg als Parlamentsmitglied bezeichnet,[9] 73 Ja-Stimmen waren immerhin ein Drittel der Stimmen der bei der Abstimmung anwesenden Mitglieder des Unterhauses. Bereits im Jahr der Veröffentlichung von *Subjection of Women* wurde in England das Recht zur Beteiligung an Kommunalwahlen auf Frauen ausgedehnt. Das allgemeine Wahlrecht für Frauen über 21 Jahre wurde in Großbritannien erst 1928 eingeführt.

Andere von Mill geforderte Reformen – und womöglich die von ihm für wichtiger gehaltenen – stehen allerdings weiterhin auf der Agenda, gerade auch auf dem Feld der Gleichstellung der Geschlechter. Die rechtliche Gleichstellung war für Taylor und Mill nur der Einstieg in eine umfassende soziale und ökonomische Gleichstellung, und von dieser sind wir auch in den demokratischen Staaten weiterhin weit entfernt. Auch rechtliche Reformen (wie etwa die Pönalisierung der Vergewaltigung in der Ehe) lassen die traditionellen diskriminierenden Einstellungen nicht gänzlich unverändert. Traditionen erweisen sich häufig als wirkmächtiger, als sich liberale Reformer ausmalen. Das beste Beispiel dafür ist Mill selbst, der sich erhoffte, dass die bloße Rechtsgleichheit der Geschlechter ausreichen würde, die tradierten Vorurteile über die Natur der Frauen erodieren zu lassen und so der Vorherrschaft der Männer ein Ende zu bereiten – ganz ohne *affirmative action* und Quotenregelungen.

9 Mill, *Autobiographie*, S. 248.